NO SOY YO, ERES TÚ

Déborah Murcia

NO SOY YO, ERES TÚ

Los hilos invisibles de la **manipulación narcisista**

Grijalbo

Papel certificado por el Forest Stewardship Council®

Primera edición: octubre de 2024

Travessera de Gràcia, 47-49. 08021 Barcelona

Printed in Spain – Impreso en España

ISBN: 978-84-253-6804-2
Depósito legal: B-12.607-2024

Compuesto en M. I. Maquetación, S. L.

Impreso en Huertas Industrias Gráficas, S. A.
Fuenlabrada (Madrid)

GR 6 8 0 4 2

Este libro te lo dedico a ti,
que seguramente estés o hayas estado
en una relación en la que te han hecho daño

Te lo escribo a ti, que has sufrido o estás sufriendo
mucho dolor e injusticia, pero también me lo escribo a mí,
a mi yo del pasado, a la persona de hace
unos años que sufrió tanto,
a la Déborah que creyó que no merecía amor
y cuyos vínculos no la protegieron
ni la trataron como se merecía

Solo quiero decirte que lo que hoy es herida
mañana será cicatriz,
y créeme: dejará de doler, te lo prometo

Índice

Nota de la autora

Todas las historias relatadas aquí son reales: son las vivencias de mis amigas contadas por ellas mismas. Gracias por haber sido tan valientes y compartir todo esto conmigo. El libro está escrito en femenino porque el 90 por ciento de las personas que me siguen en las redes sociales y el 88 por ciento de las que escuchan mi pódcast son mujeres. Como lectora habitual, me habría gustado leer más libros en femenino, no tiene nada de malo. Dicho esto, espero que los hombres que lo lean se sientan de alguna manera comprendidos y abrazados por mí. Si el libro está escrito en femenino, ¿quiere decir que los manipuladores son siempre hombres? Claro que no, hay hombres y mujeres manipuladores, y espero que este mensaje quede claro.

Para preservar la identidad de las personas que han colaborado en el libro, los nombres son ficticios.

Gracias por confiar en mí para acompañarte en este viaje.

Querido diario

30 de junio

Querido diario:

He conocido a alguien. Me encanta, no puedo creer lo muchísimo que me atrae. No había sentido nada igual desde mi primer amor. Pasamos bastante tiempo juntos, me parece una persona superdivertida, y siento que todo el tiempo que estoy con él no es suficiente. Creo que me he enamorado.

---

7 de julio

Querido diario:

Como pasamos todo el día juntos, me he mudado a su casa. La verdad es que me da un poco de vértigo... Mi familia y mis amigas me han dicho que no corra tanto, pero ¿sabes qué? A la mierda, solo se vive una vez, y lo que sentimos es tan fuerte, tan puro, tan real e intenso, que no me importa. Dice que estamos hechos el uno para la otra. Yo me siento exactamente igual, es como si estuviéramos conectados, vivo en una nube. Nos pasamos en día en la cama. ¿Cómo puede ser que haya tanta química? Cuando lo hacemos, me siento una diosa. Nadie me ha besado igual, nadie me ha mirado igual, soy suya y él es mío.

Cuando digo una frase, él la termina. ¿Cómo es posible? Ojalá no se acabe nunca. Aunque sé que es un amor de verano, ojalá dure para siempre.

---

8 de agosto

Querido diario:

Hoy mis amigas se han enfadado conmigo. Dicen que las tengo olvidadas, que estoy centrada en mi pareja... La verdad es que, desde hace un tiempo, solo estoy con él, pero es que me divierto tanto... Es tan culto, tan inteligente, tan bueno... Aunque el otro día me puse un minivestido negro muy bonito y me dijo que iba demasiado guapa, que quería que me vistiera así solo para él... No sé muy bien a qué se refiere.

---

1 de septiembre

Querido diario:

Hoy es un día triste, toca despedida. Me mudo a Madrid y voy a dejar de pasar tanto tiempo con él. Me da mucha pena, ya que somos inseparables. No sé cómo lo haré sin él. Me ha hecho prometerle que le llamaré cada día y que estaré pendiente del teléfono todo el rato. Ji, ji, ji, ji, me quiere demasiado.

---

30 de septiembre

Querido diario:

Hoy he llorado como hacía tiempo que no lloraba, me he sentido fatal. Estaba hablando por teléfono con él cuando ha empezado a decirme un montón de cosas horribles. No tengo muy claro cómo hemos llegado a este punto. Hasta que no he roto a llorar, no ha parado. Entiendo que se sienta mal porque ahora vivo lejos y que me eche mucho de menos, pero no hay nada que pueda hacer. Todo ha empezado porque estaba tomando algo con mis amigas y él quería charlar, así que no ha parado hasta que no me he ido a casa a hablar con él.

---

10 de octubre

Querido diario:

No puedo más. Le molesta absolutamente todo lo que hago: que me ponga mucho perfume, que tenga amigos con los que salir, que haga mi vida. Cuando estoy por ahí, le paso fotos para que se quede tranquilo. Mis amigas dicen que quiere controlarme, pero creo que es porque me echa de menos, al menos eso es lo que me ha dicho. Empiezo a agobiarme.

---

31 de octubre

Querido diario:

¡Ha aparecido por sorpresa! La verdad es que ha sido porque tuvimos una discusión muy fuerte por teléfono en la que empezó a gritarme y le colgué. Pero ha venido, y la verdad es que superbién: hemos estado haciendo el amor todo el rato. No me importa lo mucho que hayamos discutido, lo amo. Al hacer el amor, he recordado lo conectados que estamos y lo mucho que nos queremos.

---

2 de noviembre

Querido diario:

Ha vuelto a pasar, hemos tenido otra bronca monumental. Estábamos con un grupo de amigos y ha empezado a hacerme el vacío y a despreciarme delante de la gente, infantilizándome, ninguneándome, y le he pedido que parase. Cuando estábamos con ellos parecía encantador, pero al llegar a casa ha empezado a gritarme y a decirme que quién soy yo para llevarle la contraria delante de la gente. Ni siquiera me ha dejado defenderme. Me he quedado con la palabra en la boca y se ha ido de casa. Estoy rota.

---

26 de noviembre

Querido diario:

Me siento en una montaña rusa emocional. Estoy aturdida, confundida: un día me dice que soy el amor de su vida y al siguiente desaparece sin más. Mis padres tuvieron una relación muy parecida. Mi madre decía que en el amor hay que aguantar, así que aquí estoy, aguantando, loca de amor. ¿Dónde está la persona que conocí? ¿Dónde están todas las promesas que me hizo? Quererle me duele cada día más.

---

3 de diciembre

Querido diario:

Ya no sé ni qué contarte. Hace dos meses que no veo a mis amigas, me paso las semanas encerrada en el piso, de casa al trabajo y del trabajo a casa. Cada vez que salgo es discusión asegurada, así que no hago nada con tal de no escucharle.

El otro día vino a verme y se dejó el teléfono encima de la mesilla. De repente empezaron a llegarle mensajes de una chica: «Me encantó verte el otro día, estoy deseando repetir». Cuando le pregunté por ella, me gritó que quién cojones era yo para mirarle el móvil y me exigió que le pidiera perdón. La verdad es que, no sé cómo, acabé haciéndolo.

---

15 de diciembre

Querido diario:

Hoy hemos tenido otra bronca. No sé cuántas van ya este mes, estoy agotada. Me acusa de que la relación no vaya bien, dice que no me esfuerzo. Solo me queda dar la vida por él, pero no es suficiente. ¿Qué vendrá después?

---

22 de diciembre

Querido diario:

Me ha dejado, estoy rota. ¿Cómo es posible que me haya hecho esto después de todo lo que he aguantado? Me ha mandado un mensaje: «Se acabó, me tienes harto, eres una niñata». Y me ha bloqueado. He tratado de llamarlo desde el teléfono de una conocida, pero me cuelga. Mis amigas están flipando, me han dicho que me echaban de menos y que no me merece, pero aun así trato de entender qué he podido hacer para que se esfume de mi vida de esta manera.

---

31 de diciembre

Querido diario:

Me duele como si me hubieran arrancado el corazón. Ojalá pudiera dejar de sufrir. Parece que nada en mi vida tiene sentido.

---

20 de enero

Querido diario:

He empezado a ir a terapia. Esto no puedo gestionarlo sola, se me hace cuesta arriba. No dejo de acordarme de momentos bonitos, y eso me jode. Mi psicóloga me ha dicho que he vivido una relación de abuso, que me ha manipulado, y que por eso he aguantado tanto. Hablar con ella me calma, me ayuda a recolocar las piezas del puzle de mi vida.

---

30 de enero

Querido diario:

Estoy en shock. Me acabo de encontrar a mi ex por la calle, de la mano de otra. Me ha visto y no me ha saludado, ha vuelto la cara. Joder, ¿cómo es posible? Hace poco más de un mes estábamos juntos… Estoy empezando a recuperarme ahora. ¿Me quiso en algún momento? ¿Acaso le importé? Ojalá todo este dolor pase pronto.

---

20 de febrero

Querido diario:

Sigo con la terapia. La verdad es que cada día estoy mejor. Mi psicóloga me está enseñando a transitar el dolor, cada vez duele menos. Mis amigas y mi familia me están apoyando, no me dejan sola. Tengo mucho que agradecerles. Todavía me pasan por la cabeza imágenes difusas de esa relación, y aunque cada día todo va cobrando más sentido en mi cabeza, siento que nunca le importé, que fue egoísta conmigo y que no me merecía que me tratara tan mal. Cada vez lo tengo más claro. Aun así, una parte de mí necesita profundamente que me pida perdón y reconozca todo el daño que me hizo.

---

30 de junio

Querido diario:

Poco a poco me voy encontrando mejor. Ahora entiendo el infierno por el que pasé.

Estoy recolocando todas las piezas y he empezado a ser amable conmigo. Por fin he entendido que no fue culpa mía. Sigo pensando que hay una parte de mí que quiere que me pida perdón, pero la única persona que se tiene que perdonar soy yo por haber permitido tanto que no me merecía.

Quizá esta historia te resulte familiar. Es una de las tantas que he escuchado en terapia, con amigas, en mi familia o incluso por experiencia propia. Estoy hablando de relaciones de manipulación, de abuso, de control, de maltrato.

El diario que acabas de leer refleja el sufrimiento de una persona que, tras vivir una ilusión, tiene que gestionar el desengaño y el dolor de no verse reconocida y validada por su amado. Es posible que, al leer esas líneas, algo se haya despertado en tu interior, quizá su historia te suene, la hayas vivido de cerca o, a lo peor, en primera persona. Por eso este libro es para ti.

Espero que halles consuelo en él, te sientas comprendida y abrazada, entiendas muchas cosas que quizá necesites comprender, encuentres respuestas y todo cobre sentido. Pero, sobre todo, deseo que te des cuenta de que no merecías nada de lo que viviste y de que no hay nada de malo en ti, que no estás sola, y que no es un camino fácil. Te abrazo.

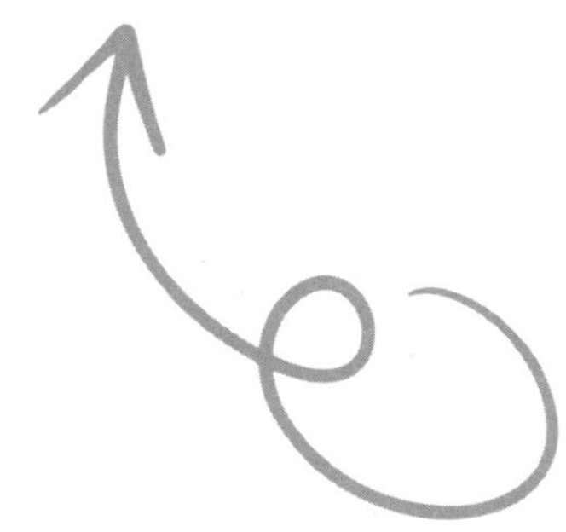

Bienvenida a este viaje

No sé por qué tienes este libro en las manos. A lo mejor te parece curioso, o cabe la posibilidad de que hayas vivido situaciones complicadas. Eso es lo que me ha animado a escribirlo: plantearme cómo puedo ayudarte a entender situaciones por las que quizá hayas pasado, momentos que te hayan hecho sufrir o dudar de ti. Espero que aprendas a identificar conceptos como «luz de gas», «abuso reactivo», «narcisismo» y todas sus variantes.

Siempre me ha interesado estudiar el comportamiento humano, en concreto la manipulación. Durante años he trabajado con víctimas de abuso, y lo que más me ha llamado la atención es lo difícil que lo tienen para darse cuenta de lo que están viviendo y salir de ahí. Por eso he decidido aportar mi granito de arena y ayudarte a aclarar conceptos, y acompañarte a través de las historias de tantas personas que han sufrido en primera persona los daños y las consecuencias de relaciones abusivas. En las siguientes páginas encontrarás las posibles respuestas a tus preguntas:

- **¿Qué es lo que te hace aguantar en una relación manipuladora?**
  Todo tiene un origen y una explicación.
- **¿Cuáles son las conductas habituales de los narcisistas?**

Entender la mente de las personas narcisistas: cómo se comportan y por qué lo hacen.

- **¿Cuáles son las técnicas de manipulación más usadas por los narcisistas?**
Conocerlas para identificarlas a tiempo y que eso te ayude a salir de ahí.
- **¿Qué puedo hacer para salir de una relación con alguien narcisista?**
Estrategias y técnicas para lidiar con estos perfiles y sus retorcidas técnicas de manipulación.

Espero que te sientas acompañada, entendida y apoyada por mí para que, juntas, vayamos descifrando los hilos invisibles de la manipulación narcisista.

Qué encontrarás en este libro

Este libro es un viaje con cuatro estaciones, cuatro partes. Deseo que disfrutes de él tanto como yo al escribirlo para ti. Asimismo, te avanzo que no será un trayecto sencillo. Durante el camino, realizaremos cuatro paradas:

Primera parada. Intentaré explicarte qué te ha hecho caer en una relación abusiva o manipuladora. Nos adentraremos en las profundidades de tus heridas y conductas, y analizaremos por qué, a pesar de saber que esa relación no te hace bien, sigues ahí; por qué has decidido darle tantas oportunidades; por qué aguantas, a pesar de saber que no te ayuda; por qué te enganchaste a una relación que te hace sufrir y te manipula constantemente, o por qué quieres recuperar el contacto con esa persona.

Segunda parada. Nos adentraremos en la mente del manipulador, en la de una de las personalidades más dañinas, en este caso, en la de un narcisista. Trataremos de entender su conducta y cómo se desenvuelve en la sociedad para que aprendas a identificarlo y puedas huir de allí a tiempo.

Tercera parada. Analizaremos, a través de diferentes vivencias, las nocivas técnicas de manipulación que usan estos perfiles para controlarte y llevarte a su terreno.

Cuarta parada. Te ofreceré herramientas que te ayudarán a gestionar la relación con estos perfiles o a cerrarles la puerta y no volver a saber nada de ellos, con un poco de suerte, nunca más.

En cualquier caso, espero que este viaje te ayude a entender, integrar, canalizar y despertar; a abrirle la puerta a una nueva vida, la que te mereces, aquella en la que eres la protagonista, aquella en la que brillas por ti misma.

Por qué hablamos de manipulación

Antes de empezar, me gustaría aclarar un concepto: ¿por qué hablo de relaciones de manipulación o abuso y no de relaciones tóxicas, como suelen conocerse? Por dos motivos. El primero es que, al llamarlas «relaciones de abuso», nos referimos a lo que realmente son: abuso emocional o físico en el que ha habido un daño y un dolor que han dejado huella, donde se ha vivido manipulación. Bajo mi punto de vista, sería muy injusto referirme a él como «tóxico», ya que pierde el sentido profundo del dolor. Tóxico es un producto, no una persona. Tóxico puede ser el plomo, la radiación o Chernóbil, pero una persona que te ha hecho daño no es tóxica, es abusiva y manipuladora. Hay que llamar a las cosas por su nombre. En este libro te hablaré de conductas, y las conductas no son tóxicas, son abusivas.

La segunda razón por la que hablo de relaciones de abuso y manipulación es porque pueden darse en cualquier tipo de relación: familia, trabajo, amistad, pareja. Me parece que el término «relación tóxica» se asocia sobre todo al ámbito de la pareja, y es muy injusto no incluir todos los tipos de relaciones cuando hablamos de manipulación y narcisismo.

Dicho esto, ahora sí: abróchate el cinturón, porque vienen curvas.

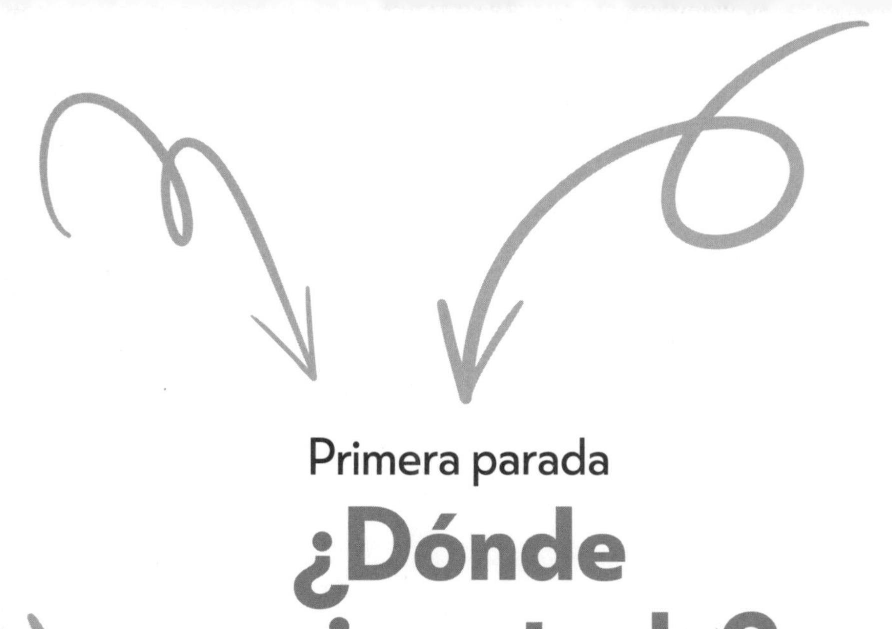

Primera parada

¿Dónde empieza todo? Viaje a mi interior

Nos pasamos la vida buscando las respuestas en los demás cuando a veces solo necesitamos mirarnos en el espejo.

Gran parte de los libros que he leído sobre manipulación, narcisismo y relaciones de abuso se enfocan en la persona que hace daño como si fuera el personaje principal de la historia, pero pocas veces en la víctima o, mejor dicho, en la superviviente: su auténtica protagonista. En este capítulo —y en todo el libro— te hablaré de ti como siempre mereciste, y de cómo tu bondad, empatía y vulnerabilidad te llevaron a tener una relación de este tipo. Es posible que no eligieras vivir una relación así, sino que tuvieras que sufrirla en tu familia o por parte de alguien cercano a ti, como tu jefe o una amiga que en realidad era tu enemiga. Sin embargo, en otras ocasiones, escogiste quedarte al lado de una persona que, sin verla venir, convirtió tu vida en un infierno. Independientemente de la situación, este libro es para ti, que tuviste que soportar lo que no te merecías.

Todavía me llama la atención que vivamos centradas en entender por qué esa persona nos hizo tanto daño, por qué nos trató así, por qué cambió, por qué no volvió a ser la que era... Son miles de preguntas sin respuesta. Queremos entender qué pasó, ponemos el foco fuera, buscamos razones porque necesitamos entender su conducta; a veces encontrarás la respuesta, pero en muchas ocasiones no será así. No existe. La clave está en tu interior, así que vamos a centrarnos en eso.

En este capítulo te invito a que mires hacia dentro, que, por un instante, no te centres en quien te hizo daño; averigua por qué has caído en sus garras y por qué, aun siendo consciente, te enganchaste durante un tiempo o sigues ahí. La respuesta está en ti.

Antes de empezar, quiero pasarte un cuestionario que te ayude a detectar si tiendes a caer en relaciones de manipulación y abuso.

1. Cuando estás en una relación de este tipo, crees que puedes cambiar a esa persona y ayudarla. SÍ / NO
2. Cuando alguien te hace daño, lo justificas o tratas de entender qué ha pasado para que se comporte así. SÍ / NO
3. Cuando te tratan mal, intentas entender el pasado de esa persona y ayudarla. SÍ / NO
4. Has llegado a tolerar cosas que mucha gente no toleraría. SÍ / NO
5. Crees que a veces son normales los gritos, las broncas, las peleas, los feos o las malas contestaciones. SÍ / NO
6. Temes negarte a algo por las represalias de la gente de tu entorno. SÍ / NO
7. Tratas de pasar desapercibida para no ser el foco del problema. SÍ / NO
8. En ocasiones, justificas situaciones injustificables con tal de tener la fiesta en paz. SÍ / NO
9. A pesar de que te han hecho daño, eres capaz de dar una segunda, tercera o cuarta oportunidad. SÍ / NO

10. Cuando alguien te trata mal, haces como que no pasa nada y no lo hablas. SÍ / NO
11. A veces cedes en cosas que te molestan, y no te sientes capaz de decir que no te gustan. SÍ / NO
12. Si alguien deja de hablarte y recupera el contacto después de un tiempo, no le preguntas qué pasó. SÍ / NO
13. Se te suele olvidar si alguien te hizo daño, y retomas la relación como si nada. SÍ / NO
14. Si alguien te miente y lo descubres, haces como que no ha pasado nada y sigues con tu vida. SÍ / NO
15. Cuando alguien te cuestiona o duda de lo que le estás contando, no te defiendes, sino que decides pasar del tema. SÍ / NO
16. Cuando alguien te critica por la espalda, no le preguntas el motivo, sino que haces como que nada ha pasado, aunque te duela. SÍ / NO

Si tienes diez o más síes, cabe la posibilidad de que seas una persona con tendencia a mantenerte o a caer en relaciones en las que puedas sufrir manipulación, y esto está muy relacionado con tolerar conductas o comportamientos que no es bueno que pases por alto. En las siguientes páginas te explicaré todo lo que necesitas saber para ponerle remedio y evitar que vuelvas a caer en la trampa de la manipulación y el abuso narcisista. Recuerda que esta prueba es orientativa. Las preguntas están sacadas de conductas reiteradas que he ido observando en personas con las que he trabajado en consulta.

Antes de continuar, quiero dejarte claro que no tienes ni tuviste la culpa de nada, que no eres responsable de que esa persona te manipulara, te dañara o jugase contigo como le dio la gana. Lo hiciste lo mejor que pudiste con las herramientas que tenías. Me gustaría que entendieras que, a veces, querer no es poder, y aunque estuvieras viéndolo venir, quizá no pudieras hacer más que quedarte ahí, aunque no fuera lo mejor para ti. Ahora sí, comenzamos.

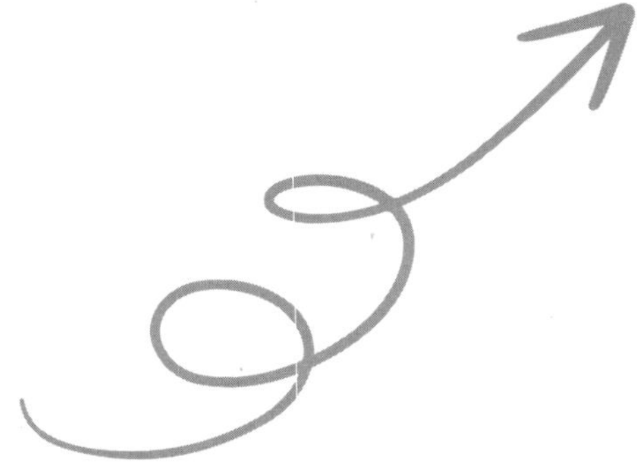

1

La chispa

¿Por qué me meto en relaciones en las que me manipulan y me hacen daño?

Tenemos el amor que creemos merecer.

Todo empieza con una chispa, un detonante que hace que todo se queme, arda, se destruya. El origen, esa chispa, es la base de lo que vendrá después, el caldo de cultivo que explicaría por qué te encuentras en relaciones en las que te manipulan. En las próximas líneas te ayudaré a profundizar en estos temas tan complejos que necesitas conocer.

El pasado no es determinante, pero tiene un peso en la historia de vida. Es interesante entender por qué algunas situaciones que viviste en el pasado hacen que caigas en relaciones abusivas y dañinas. Por ello en este capítulo nos adentraremos en algunos de los motivos por los que puedes caer o quedarte en relaciones complicadas y dolorosas.

En su libro *Libre*, la autora y psicóloga Dolores Mosquera habla de las posibles razones por las que aguantas en relaciones abusivas y de violencia en las que lo mejor que puedes hacer es cerrar la puerta y decir adiós para siempre. Para ella:

Si viviste experiencias duras en la infancia —abusos, violencia, falta de cariño, manipulación— por parte de las personas que cuidaron de ti.

Si la persona que las provocó no asume sus errores y faltas de cuidado, no los repara o no se hace cargo de ellas, te genera un sentimiento de culpa, asumes la responsabilidad de sus actos y quizá sientas vergüenza o falta de seguridad.

Puede que de adulta te mantengas en relaciones de manipulación o abusivas al repetirse patrones de conducta que te resultan familiares.

Existen diferentes motivos por los que te ves inmersa o te quedas en relaciones de este tipo. En los siguientes apartados te contaré los porqués que, como psicóloga, he visto que se repiten más a menudo. Espero que encuentres las respuestas que tanto anhelas.

Viaje a mi infancia

El relato de Denise

Crecí en el seno de una familia humilde. Nunca nos faltó nada material, pero sí una educación con sentido común. Hubo muchas cosas que no entendí hasta que fui adulta. Hubiera agradecido que me las explicaran, la verdad, pero nadie lo hizo, y eso me dejó una huella que hoy aún duele, duele bastante.

necesidades no cubiertas

De pequeña me dieron poquito: poquito afecto, poquita atención, poquitos mimos... Todo era para los demás, para mí no había tiempo, ya que, claro, yo tenía que entender que «era la mayor». Esas malditas palabras aún resuenan en mi cabeza. Es duro cuando solo eres una niña y tienes que ocuparte de lo que no te corresponde; cuando ves discutir a tus padres, pero no viene nadie a darte un abrazo ni a explicarte que los gritos, cuando te peleas, no son normales.

no te enseñaron coherencia

Es duro entender que tu padre, que se ha largado tres días de casa, vuelve, y que tu madre le abra la puerta sin más, haciendo como que no ha pasado nada. Mientras tanto, me encerraba en la habitación y me metía bajo la cama por el miedo que pasaba. También es duro entender que del odio al amor hay un paso, y que un día tu padre puede ser el peor cabrón del mundo y, al siguiente, el amor de la vida de la misma persona (mi madre) que ayer decía que lo odiaba. Ver todo eso y tener que comérmelo con patatas me estaba destrozando.

cuidar de los que cuidan de ti

No me quito de la cabeza la imagen de mi madre llorando en la cocina hecha polvo por estar metida en ese infierno y, por ende, yo también. Me acerqué a consolarla —ahora sé que no me correspondía—, pero, si no lo hacía yo, no lo hacía nadie. ¿Quién me consoló a mí? ¿Quién vino a abrazarme cuando lloraba desesperada en el cuarto de baño? Ya te lo digo yo: nadie.

no te enseñaron a regularte

Me resultó muy sencillo entender que, si no quieres problemas, lo mejor es pasar desapercibida, como mi madre, que se callaba y agachaba la cabeza. Cuanto menos ruido hagas, mejor; cuanto menos hables, mejor. En resumen, el «cuanto menos seas tú, mejor» lo aprendí de una experta. Siempre me funcionó, sobre todo en el colegio, pero esa es otra historia.

lo mejor es ser invisible

Todavía resuenan en mí frases que se convirtieron en mi identidad, y que después tuve que trabajar duro para sacarme de la cabeza y de la personalidad. Igualmente, creo que el duro camino que viví mereció la pena, y que soy como soy en parte gracias a mis heridas, que, poco a poco, voy sanando y encajando.

Como vemos en el relato de Denise, las experiencias desagradables en la infancia tienen un efecto en la edad adulta. Esto puede provocar que te veas inmersa en una relación manipuladora o de abuso, ya que los patrones que nos resultan conocidos o que hemos normalizado no los percibimos como un peligro real. Y, aunque los veamos así, cabe la posibilidad de que te quedes allí porque es a lo que te has acostumbrado.

A veces somos conscientes de nuestra historia de trauma, pero no somos capaces de ver cómo influye en nuestra vida. Por ello, en las siguientes líneas, espero ayudarte a entender muchas de las cosas que antes no encontraban explicación o respuesta; espero acompañarte en este camino desde el cariño y la comprensión, con la intención de que te sea más sencillo hallar el origen de ciertas situaciones que vives en el presente.

Si en tu infancia...

Tus necesidades no fueron cubiertas...

Puedes pensar: «Mis necesidades no son tan importantes», «Tener necesidades es egoísta e incluso peligroso», «Mejor me callo y no le pido nada a nadie».

Cuando las necesidades de la infancia no están cubiertas, aprendes a no esperar nada y a pensar que la vida es así.

Cuidaste de las personas que debían cuidar de ti...

Puedes pensar: «Tengo que cuidar de los demás para sentirme querida y aceptada», «Si no cuido de la gente de mi entorno, me abandonarán».

Si en vez de ser una niña cuidada cuidaste de los demás —en concreto, de tus cuidadores—, asumiste que no merecías cuidados y, de adulta, te relacionarás cuidando de los otros. Es posible que cuides de la gente de tu entorno para asegurarte de que no te abandonarán, o te comportas como te hubiera gustado que se portaran contigo.

La inversión de roles se asocia con progenitores negligentes alcohólicos, adictos al trabajo, drogadictos o tan desbordados que la víctima tuvo que ocuparse de ellos.

No te enseñaron de forma coherente...

Puedes pensar: «No importa que me hagan daño, siempre que me quieran», «Debo seguir confiando en ellos, aunque me traicionen».

Su manera de tratarte y lo que te decían era incongruente, de modo que has vivido en disonancia toda la vida. En estos casos, se podría decir que las acciones de quienes se ocuparon de ti no eran coherentes: te decían una cosa y hacían la contraria. Por ejemplo, te gritaban: «¡No se grita!».

Asumiste responsabilidades que no te correspondían...

Puedes pensar: «Me merezco lo que me pasa», «He provocado esta situación».

Las personas que han cuidado de ti no han asumido su responsabilidad y te han hecho sentir que todo era culpa tuya, de manera que tiendes a pensar que todo lo malo que te pasa es por tu culpa, incluso sientes que te lo mereces.

No te enseñaron a regularte...

Puedes pensar: «Todo me desborda siempre, así que soy una loca o una exagerada».

Cuando quienes se ocuparon de ti no te enseñaron a regularte de la manera adecuada —a gestionar y transitar tus emociones de forma sana—, quizá carezcas de recursos y reacciones a lo que te pasa igual que entonces.

Te enseñaron que lo mejor era ser invisible...

Puedes pensar: «Lo mejor es que no me vean y así no me harán daño», «Es mejor no quejarse ni dar guerra, no sea que se vuelva en mi contra», «Si me callo, evito problemas».

Si en algún momento has tenido la sensación de que ser vista es un problema, es posible que ahora pienses que no quejarte y pasar desapercibida es lo mejor.

Sufriste maltrato o abuso...

Puedes pensar: «Que me griten es normal», «Que me desprecien es normal, las relaciones son así».

Si has crecido en un ambiente de maltrato y abuso, quizá hayas normalizado este tipo de conductas y, de adulta, te cueste identificarlas.

Te sobreprotegieron...

Puedes pensar: «No sé», «No puedo», «No soy capaz», «No valgo para esto».

Hablo de la famosa sobreprotección que, lejos de hacerte bien o convertirte en alguien funcional y coherente, te hizo ser dependiente e insegura. Por ello, para tomar una decisión, necesitas el visto bueno de otra persona o que alguien te dé un empujón.

Cuando se dan algunas o todas estas vivencias durante la infancia, es posible que quede en ti una huella que haga que te cueste salir de situaciones en las que te sientes mal. Quizá repitas patrones o quieras volver a situaciones dolorosas de forma involuntaria. Por eso, sin darte cuenta, vuelves al lugar donde te hacen daño.

Heridas en la infancia

Quien bien te quiere no te hará llorar.

Entre todos los factores y las casuísticas que pueden hacer que te veas inmersa en relaciones de manipulación y abuso, las heridas de la infancia es una de las teorías que ha cobrado más fuerza en los últimos años. Y es que, lo creas o no, la niñez tiene un impacto importante en la vida adulta.

En los primeros años, el tipo de apego que hayamos tenido con quienes se ocuparon de nosotras puede determinar nuestras relaciones en la vida adulta. Por ello, si viviste un trauma relacionado con tus figuras de apego (tus cuidadores) o con personas que, de alguna manera, marcaron tu infancia —familiares, amigos, referencias, grupo de iguales—, cabe la posibilidad de que, en la etapa adulta, te afecte en cierto modo a la hora de relacionarte y vincularte.

El trauma es la respuesta que damos a acontecimientos que han impactado en nosotras a nivel emocional, y que no hemos sabido procesar y recolocar en nuestra historia de vida. Existen diferentes tipos de trauma:

1. **Simple.** Hecho puntual de alta gravedad, como un accidente, un atentado terrorista o una catástrofe (un tsunami o un terremoto, por ejemplo).
2. **Relacional.** Está relacionado con los vínculos. Te dañan las personas de tu entorno, las que cuidan de ti, las que consideras importantes o aquellas con las que mantienes una relación: maltrato, violencia, tortura...
3. **Del desarrollo.** Se produce tanto en la primera como en la segunda infancia, mientras te desarrollas como persona: abuso sexual infantil, abuso por parte de los cuidadores, violencia física o verbal, negligencia, abandono...
4. **Complejo.** Combinación de los anteriores.

El trauma relacional y el del desarrollo se producen de forma silenciosa y concienzuda. Es lo que yo llamo «pequeñas roturas en la historia de vida», sucesos nimios que van acumulándose y hacen que la persona que los padece sienta una herida —invisible para el resto—, un malestar en lo más profundo que la desgarra lentamente, casi sin ser consciente, un sufrimiento leve pero continuo.

Las experiencias traumáticas se pueden manifestar de muchas formas: en el colegio se rieron de ti, tu madre te abandonó, tu abuelo abusó de ti, tu mejor amiga te pegaba... Aunque todas son muy dolorosas, recuerda que el trauma no es lo que te pasa, sino cómo vives la experiencia, es decir, la interpretación que haces de ella. Si no hubo nadie para sostenerte, si no pudiste integrarlo como un acontecimiento más, hablaríamos de trauma. Recuerda que no es tan importante la gravedad de los hechos, sino cómo los viviste o los sentiste, y si fuiste capaz de procesarlos.

Por eso nunca digo que los traumas sean grandes o pequeños: para quien los vive, siempre duelen. No podemos comparar el dolor de otras personas con el nuestro porque cada una vive, siente e interpreta las cosas a su manera. Quizá lo que para ti es un gesto insignificante para otro sea un mundo, y viceversa.

Nadie nace preparado para que sus vínculos más estrechos, quienes se supone que deben cuidarle, le traicionen. Cuando hablo de traición me refiero a cualquier tipo: abuso, abandono, rechazo, injusticia, humillación y la propia traición en sí.

Voy a hablarte de los traumas que más se dan en la infancia para que entiendas un poco mejor el origen de todo esto.

La traición que dejó huella

El relato de Silvia
Lo que te voy a contar pasó hace mucho tiempo, así que espero ser fiel a la realidad de los hechos. Mi madre se había echado un novio que no me caía especialmente bien, aunque, la verdad, desde fuera se les veía muy enamorados. Fue muy duro cuando un día discutí con su novio, fui a contarle lo que había pasado y ella no me defendió. De hecho, se puso de su parte. Me hizo daño. A partir de ahí, todo fue peor: él sabía que, hiciera lo que hiciera, mi madre le creería a él antes que a mí. Me sentí traicionada por ella, entendí que el mundo no era un lugar seguro.

Vivir la traición de una persona importante para ti con la que mantenías un vínculo estrecho no te deja indiferente, créeme, como en la historia que acabas de leer. La forma en que lo gestiones es otra cosa. Es posible que, si has vivido la inesperada traición de una persona, sepas a lo que me refiero. Que se rompa la confianza en un vínculo que supuestamente debería cuidarte produce sensación de vacío e inseguridad.

La traición aparece cuando alguien de tu círculo cercano viola o rompe ese lazo de confianza. Se puede dar de manera puntual o repetida en el tiempo, y destruye por completo tu sistema de apego y confianza. Vivir una experiencia así no deja indiferente a nadie. En ese momento, tratas de entender si el problema eres tú, si has hecho algo para merecerlo. Es normal que intentes explicártelo, aunque quizá nunca llegues a hacerlo.

La traición significa entender que no hay nadie al otro lado que sostenga la red de apoyo sobre la que caer. Es posible interpretarlo como que las relaciones no son un lugar seguro donde dejarte querer. Si en tu infancia has vivido una traición de este tipo, quizá en la edad adulta hayas normalizado la manipulación o el abuso y, por ende, puedas caer y mantenerte en relaciones de este tipo.

El abandono que marcó un antes y un después

El relato de Ana

El 5 de enero, víspera de Reyes, es siempre agridulce para mí. En mi casa solemos darnos los regalos en esa fecha, pero también me recuerda al día de mi infancia, cuando tenía ocho años, en que mi padre se fue y no volvió jamás. Miles de porqués rondaban por mi cabeza: «¿Ha sido culpa mía?», «¿No he sido lo bastante buena?», «¿Me ha dejado de querer?». Aunque haya pasado el tiempo, estas preguntas siguen apareciendo de vez en cuando. Pero sí que tengo una respuesta a los hechos: mi padre nos abandonó y nunca volvió. Fue el primer hombre que me rompió el corazón.

Es posible que en algún momento de tu vida hayas experimentado el abandono, emocional o físico, por parte de un ser querido. Tal vez te hayan abandonado tus cuidadores, personas importantes para ti, figuras de apego o amistades. El abandono se vive cuando necesitabas abrazos o apoyo moral y no te los dieron, cuando te hacía falta tiempo de calidad —que se sentaran a jugar contigo, que te escucharan, que vivieran contigo momentos importantes...— y no estuvieron ahí. Pero abandono también es que se fueran de casa y no te atendieran, que se lavasen las manos con tu crianza, que buscaras refugio y no lo encontrases.

Cuando vives una experiencia relacionada con el abandono, conectas con un sentimiento profundo de soledad, de no haber sido suficiente. Es posible que tengas una gran necesidad de aceptación o que dependas profundamente de tus relaciones. Vivir un abandono va más allá del duelo que tengas que pasar por quien ya no está en tu vida: es aprender a lidiar con el dolor emocional que supone creer que no fuiste suficiente, que no te quisieron o que te faltó amor, compañía, protección, apoyo o cuidado.

Por lo general, el abandono que deja más huella es el de la infancia, pero también vivimos abandonos mientras transitamos por el sendero de la vida, haciéndonos conectar con la soledad, la impotencia y el sentimiento de no ser lo bastante valiosas. Sin duda, el abandono más doloroso es el que ejerces en ti cuando conoces a alguien y te abandonas para dárselo todo a esa persona, cuando te olvidas de ti porque pones el foco en el otro, cuando das lo mejor de ti a quien no lo valora. El abandono se combate con el amor propio, como veremos más adelante.

El rechazo menos esperado

El relato de Blanca
Cuando nació mi hermano, pasé a un segundo plano. El rechazo que más me dolió fue el de mi abuelo. Yo era la niña de sus ojos, pero automáticamente pasé a ser la actriz secundaria. Solo tenía ojos para el pequeño, ya no compartíamos tiempo ni cuentos. Cuando me viene a la mente ese recuerdo, me sigue doliendo.

Con «rechazo» me refiero a esas situaciones tan desagradables que quizá te tocó vivir en las que alguien importante para ti te cerró las puertas de su vida y tú sentiste que ya no te aceptaba. Es obvio que no todo el mundo tiene por qué aceptarte y quererte incondicionalmente, pero cuando te rechaza alguien valioso para ti y no estás preparada o no cuentas con las herramientas necesarias para gestionar esa situación, puede que permanezca en tu memoria durante años.

El rechazo puede deberse a la indiferencia, el desprecio o la falta de aceptación de tus figuras de apego o de personas relevantes para ti: profes, cuidadoras o niñas y niños de tu edad. Esto influye en tu autoestima: como no recibes ese amor incondicional, quizá te convenzas de estas afirmaciones: «No soy lo bastante buena», «No merezco amor», «El amor que me merezco es este» (para referirte a una relación en la que te dan migajas).

Vivir con la sensación de que no te aceptan las personas que deberían acogerte es encajar un golpe muy duro. El rechazo es difícil de gestionar, e incluso puede desembocar en que no te aceptes como te mereces al replicar en tu cabeza la voz del rechazo que sufriste, que puede convertirse en un diálogo interno. Te aseguro que, por mucho tiempo que pase, será muy dañino y doloroso para ti.

Ya venga de personas de tu entorno o de ti misma, el rechazo es destructivo: afecta a tu amor propio, a tu autoconcepto y a cómo te relacionas con los demás. Por eso es importante que aprendas a manejarlo, reconocerlo y gestionarlo, pues, ya sea por los que te rodean o por ti, indiscutiblemente te afecta a nivel emocional y destruye tu amor propio.

La humillación que no merecía

El relato de Raquel

Entré en un cole nuevo a los nueve años. Para entonces ya estaban todos los grupos hechos, así que me costó mucho integrarme. Pero lo peor fue cuando conocí a las chicas de mi clase: no solo no me aceptaron, sino que me eligieron como blanco fácil de burlas y abusos. Ir al cole se convirtió en una pesadilla, era la apestada de clase, y lo peor fue que nadie hizo nada, ni mis profes ni mis compis. Me sentí sola en esa tortura. Ojalá hubiera más medidas para ayudar a las personas que, como yo, sufrieron acoso en el colegio.

En esta historia se ve la humillación a través del *bullying* o el acoso, pero también se da en familias, parejas, compañeros de trabajo e incluso amigos. Por ejemplo:

- Si has sentido que se avergonzaban de ti, te dejaban en ridículo, te comparaban o te criticaban.
- Si te ridiculizaron y en ese momento no supiste muy bien qué hacer porque no tenías herramientas para gestionarlo o sobrellevarlo.
- Si nadie te sostuvo ni te ayudó a entenderlo, digerirlo o defenderte, esa humillación se ha podido quedar en ti como un dolor punzante que aún hoy te hace sentir inferior, que no encajas, que mereces poco.

Aunque sea doloroso, tendemos a repetir patrones. Si has recibido poco amor, humillación y dolor, es posible que, de adulta, tiendas a volver a lo conocido, aunque duela. Más adelante te hablaré sobre esto, para que puedas entenderlo y aprender a gestionarlo.

La injusticia en primera persona

El relato de Carmen

Hoy aún resuena en mi cabeza la voz de mi madre recordándome que sacar un diez era mi deber, y que si sacaba un ocho era porque no me había esforzado lo suficiente. Veía que a las demás niñas de mi clase sus padres les compraban monopatines o las llevaban a cenar a su restaurante favorito como premio por esfor-

zarse durante todo el año, y yo no recibía ni un «Muy bien». Sentía, y todavía siento, que no estaba a la altura, y que nunca lo estaré. Es duro convivir con tu peor enemiga: tú. Aunque estoy trabajando en ello, sé que queda mucho camino por delante. Tengo la esperanza de que las cosas puedan ser no solo diferentes, sino mejores.

Al hablar de injusticia me refiero al sentimiento de no ser validada, de no reforzarte que lo estabas haciendo bien, de no recibir ese calor que necesitabas cuando buscabas conexión emocional con personas que eran importantes para ti. Quizá te esforzaste mucho para que te dieran justo lo que no te ofrecieron: reconocimiento, validación. Esto, hoy en día, puede hacer que sientas que nada es suficiente, que tu esfuerzo no vale e incluso que te comportes así con la gente de tu entorno, te pongas el listón demasiado alto y se lo pongas también a los demás, lo que genera una frustración muy fuerte y desoladora.

* * *

Si bien es cierto que gestionar estos traumas es complicado y doloroso, no todo está perdido. Somos capaces de sanar las heridas apegándonos a las personas adecuadas, las que demuestran amor incondicional y que están en los buenos y malos momentos, las que pasan por tu vida y te enseñan que te quieren de verdad. Además, se puede sanar si se repara el amor más bonito con la relación más profunda y duradera de tu vida: contigo.

Cabe la posibilidad de que, después de vivir algo así, percibas el mundo como un lugar peligroso o pienses que no puedes confiar en la gente a la que quieres. ¿Cómo repararlo? Genera vínculos sanos y seguros, busca esa lealtad y aceptación por parte de los demás. Seguro que, si echas la vista atrás, encontrarás a alguien que te proporciona esa sensación de amor y seguridad: una amiga, una pareja, una abuela, alguien de tu entorno que repare el daño que te hicieron…

Encontrar personas-refugio te ayudará a sanar. Si te has sentido identificada con la traición, el abandono, el rechazo, la humillación o la injusticia, te invito a que te preguntes quiénes han podido ser personas-refugio para ti, quiénes estuvieron ahí cuando las necesitaste. Si no las tuviste, a lo mejor las encuentras en tu presente: relaciones que te cuidan, te validan, te escuchan y están ahí para ti. Es otra forma de reparar ese dolor y daño causado por circunstancias ajenas a tu voluntad. Más adelante, en la cuarta parada, te ofreceré algunas técnicas y herramientas para que aprendas a gestionar y cultivar tus vínculos y tu amor propio.

2

La llama

¿Por qué me engancho a una relación de manipulación?

> Una parte de ti sabe que ya no puede ser y la otra quiere volver a intentarlo.

El pasado es la chispa que explicaría algunas de las razones por las que caes en relaciones dañinas, pero existen otros motivos: tu empatía, tu bondad, tus ganas de hacer las cosas bien, de ayudar, pueden hacer que te enganches a este tipo de relaciones. Si el fuego crece, se crea la llama, que comenzará a esparcirse por todas partes y hará que te enganches como una adicta y que quieras estar en una relación que sabes que no te hace ningún bien.

¿Cómo te conviertes en la diana de perfiles manipuladores y narcisistas?

Existen una serie de características que atraen a estos perfiles: sensibilidad, exceso de empatía, inseguridad, exceso de confianza, las personas que evitan el conflicto y las personas-reto. Como he repetido en varias ocasiones, la culpa no es tuya. El manipulador utilizará tus buenas cualidades y tu predisposición para que caigas en sus redes y te enganches.

A continuación te explico en qué consisten:

- **Sensibilidad.** Si has caído en una relación manipuladora, quizá seas sensible. Ojo, no quiero decir débil, me refiero a la cualidad de sentir de una forma un poco más fuerte o profunda que el resto. Este atributo es precioso en entornos de seguridad y respeto, pero, si caes en las garras de un perfil manipulador, puede jugarte una mala pasada, ya que la sensibilidad tal vez te haga conectar con su dolor, al igual que la empatía.
- **Exceso de empatía.** La empatía es una virtud preciosa. Considero que, si hubiese más empatía en el mundo, sería un lugar mejor. El problema llega cuando eso te convierte en objeto de deseo de los perfiles más maléficos y despiadados. Eres como un helado recién sacado del congelador en una playa a cuarenta grados. Si eres empática, no lo puedes ocultar, se ve; en cuanto el manipulador cruza dos palabras contigo, ya se imagina la bondad que hay ti. Esto suscita una gran atracción, ya que, si intenta manipularte, es más probable que te quedes para entender qué está pasando o identificar su herida, no que te largues de ahí a todo gas. Por eso las personas extremadamente empáticas son el trofeo más anhelado por las personalidades manipuladoras y oscuras.
- **Inseguridad.** Si te cuesta tomar decisiones y siempre necesitas refuerzo y validación externos, quizá seas un poco

insegura. Alguien con falta de seguridad es más fácil de manipular que la que tiene claro lo que quiere, lo que está dispuesta a aguantar o lo que se merece.

- **Exceso de confianza.** Las personas confiadas tienen tan buen fondo que proyectan bondad y amabilidad en los demás. Ven el mundo a través de su mirada limpia y honesta, y se fían de quienes las rodean. Son más fáciles de engañar y manipular, un posible imán para los perfiles que intentan dominar a sus víctimas haciéndoles creer que pueden dejarse caer y confiar en ellos, cuando no es así.
- **Tendencia a evitar el conflicto.** Hay personas que tratan de evitar los problemas a toda costa, ya sea por miedo, falta de herramientas o la necesidad de vivir en paz. Al evitar los conflictos, es posible que abran la puerta a situaciones o personas que se aprovechen de ello. Con tal de no vivir en una guerra continua, son capaces de aguantarlo casi todo —sufrimiento, abuso y manipulación— para tener la fiesta en paz.
- **Personas-reto.** Este concepto es bastante reciente. Son aquellas que tienen valores y cualidades que las hacen deseables para los perfiles manipuladores porque, aparentemente, son difíciles de conquistar. Se convierten en todo un reto para ellos: no parecen vulnerables, se muestran empoderadas, seguras de sí mismas, con las cosas claras, libres de cualquier prejuicio y presión social. La mujer-reto es inteligente, divertida, amable, sincera y un largo etcétera de cualidades maravillosas.

Estos atributos son los más deseados por los manipuladores y los perfiles narcisistas, ya que saben que esas personas aguantarán mucho más en relaciones de este tipo, pues son más fáciles de engañar. En relaciones sanas, son una joya, pero en las de este calibre impiden que te alejes de estos tipos que no te aportan nada bueno.

Los factores montaña rusa

He llamado así a los factores que nos ayudan a entender por qué sigues en una relación que te hace daño. A efectos prácticos, vives con la sensación de estar en una montaña rusa, con idas y venidas, con subidas y bajadas. En definitiva, con inestabilidad e intensidad.

En este caso me refiero a las relaciones románticas, pero en las amistades, la familia y el trabajo también se dan. De hecho, es más común de lo que crees. A continuación vamos a ver dos de estos factores.

La luna de miel

La luna de miel se refiere a la necesidad de volver una y otra vez a ese momento idílico del principio en el que las cosas eran perfectas, cuando todo era mágico. Esperas que la relación vuelva a funcionar, revivir la complicidad, las risas y el amor, y olvidar todo lo demás. Es lo que te engancha, es un ciclo: al principio es idílico, luego viene la fase de tensión y comienzan las peleas, estalla por los aires y después reaparece la luna de miel y todo vuelve a ser de ensueño.

En cualquier tipo de relación manipuladora te tratan mal, te hacen daño, pero luego os reconciliáis y el otro promete que cambiará, que lo hará mejor, que ha aprendido y que no quiere volver a hacerte daño —*spoiler*: en el 99,9 por ciento de los casos NO es así—. Esa esperanza de cambio, ese prometerte la luna, sumada a tu anhelo por pensar que las cosas podrían volver a ser como al inicio, hace que, casi sin ser consciente, des una segunda, una tercera y una cuarta oportunidad. Porque, aunque te haga daño, cuando recuerdas lo increíble que fue el principio, anhelas volver a ese momento en el que seguramente fuiste muy feliz.

La intermitencia

Te dice adiós, pero al cabo de un tiempo, que suele ser corto, vuelve. En estas relaciones, la intermitencia es la protagonista (profundizaré en ella más adelante). Puede considerarse una técnica de manipulación si la persona la emplea para engancharte al vínculo. Te parecerá una broma de mal gusto, pero te sorprendería saber cuántos libros de psicología oscura —rama que muestra cómo utilizar técnicas psicológicas para aprovecharte de los demás— la enseñan como técnica de manipulación para dejar enganchada a la persona deseada.

Más allá de ser una herramienta de manipulación y una de las conductas que más atrapan, la intermitencia produce un enganche que tiene una explicación neuronal: cuando conoces a alguien que te gusta o te atrae, liberas dopamina y serotonina relacionadas con la recompensa y el placer, y también oxitocina, la hormona del amor.

Al entrar y salir de tu vida —contesta un día a todos tus mensajes y pasa tres sin hacerte caso; un día te dice que te ama y horas después que te odia; o entra y sale de la relación—, te produce altibajos que hacen que tu cerebro se acostumbre a recibir estas dosis de placer, amor y recompensa. Esto hace que las busques de forma activa, por lo que tu deseo de estar con esa persona cada vez será mayor.

El funcionamiento es similar a los mecanismos de adicción a las drogas o a las máquinas tragaperras. El cerebro se vuelve, por decirlo así, adicto, y no deja de buscar su dosis. La intermitencia es una manera de volverte adicta: hacer que te pases la vida sintiendo emociones muy intensas a las que no estás acostumbrada, y que no suelen producirse en una vida sana, es otra manera de generar adicción, como veremos en el siguiente apartado.

Las emociones adictivas

Las emociones tienen una función muy valiosa: te cuentan cómo estás a nivel interno para ayudarte y protegerte, son tus aliadas para que te ocupes de ti. Imagínate que te rompes la pierna pero no sientes dolor: seguirías con tus actividades como si nada y no te curarías, ¿verdad? Pues con las emociones pasa algo parecido: te avisan de cómo estás por dentro para que te hagas cargo de ti.

Las emociones se transitan, es decir, tenemos que aprender a vivir con ellas, ya que todas tienen su función. No existen emociones buenas ni malas, solo agradables y desagradables. Las agradables, si no aprendemos a transitar bien por ellas, producen adicción. Por su parte, las desagradables generan bloqueos, como veremos más adelante.

A continuación vamos a centrarnos en algunas de las emociones que producen más enganche dentro de las relaciones de manipulación y abuso en las que hay un vínculo intermitente, es decir, aquel que no es lineal, sano ni estable.

Euforia

Más que una emoción sería un estado que genera euforia: todo es superintenso, muy potente, y va superrápido, por lo que quizá pierdas el control. Te lleva a un estado de frenesí en el que todo pasa a un segundo plano, excepto aquello que lo produce. Te motiva a seguir, a descartar cualquier idea o pensamiento que no sea el actual. Esto provoca que ignores las alertas que saltan en tu cabeza y pienses que lo que te haga —como anularte o humillarte— es insignificante frente a lo genial que es que te sientas así.

Obnubilación

Estás fuera de tu zona de confort: todo es nuevo, estimulante, emocionante; te sientes abrumada por muchas razones; pierdes un poquito la noción y la percepción del mundo porque te apabulla esta emoción tan potente... En este momento, solo existís esa persona y tú. Por tanto, desprecias o ignoras a la gente que te avisa de que no te conviene o de que, directamente, no te trata bien.

Orgullo

En este sentido, cabe decir que la persona te conecta con una sensación y una emoción muy agradables. El orgullo te hace sentir invencible, indestructible, la persona más especial, importante y deseada del mundo, y claro, eso engancha muchísimo. Al no transitar la emoción de la forma adecuada, consigue que te consideres única, que pienses que nadie entiende lo que sientes, de manera que, cuando tus personas de confianza sugieran que vais demasiado rápido o cuestionen si estáis hechos el uno para el otro, lo descartarás porque pensarás que no son capaces de entender lo que sentís y lo que estáis viviendo.

Estas emociones son las que se experimentan con mayor frecuencia cuando nos enganchamos en relaciones de abuso y manipulación en la famosa luna de miel que nos hace creer que esta relación es idílica, aunque no sea así.

Mitos del amor romántico

En este apartado voy a hablarte de aquellas creencias, transmitidas de generación en generación, que nos han hecho pensar que, en realidad, determinadas conductas de abuso y manipulación son amor. Estas ideas generan expectativas abusivas sobre las relaciones y pueden producir muchísimo sufrimiento. Veamos cuáles son, a ver si alguna te suena:

- **El amor todo lo puede.** Mito de la omnipotencia: si hay amor, puedes aguantarlo todo, ya sean abusos, insultos, infidelidades…
- **Esa persona está hecha para ti.** Mito de la media naranja: somos personas incompletas que necesitamos de otro que

nos llene y nos complemente para sentirnos realizadas y amadas.

- **Si no hay pasión, la relación está muerta.** Mito de la pasión infinita: en muchas de las relaciones en las que ha habido abuso y manipulación, el componente que más engancha es el sexual. Esto responde a la creencia de que la persona con la que tienes más conexión a nivel sexual es el amor de tu vida, pero si estás en una relación sana a la que le falta pasión, es aburrida. Por eso, este mito puede hacerte creer que la atracción hacia alguien es señal de que es tu amor verdadero y, por ende, mantenerte en vínculos que te dañan.
- **Si no siente celos, no te quiere.** Mito de los celos como muestra de amor: el pase vip para las relaciones en las que hay manipulación. La creencia de que, cuantos más celos siente, más te quiere, puede ser utilizada para engancharte, controlarte, aislarte o abusar de ti sin miramientos.
- **Solo puedes sentirte atraída por tu pareja.** Mito de la atracción exclusiva: solo puedes sentir atracción por esa persona y, en teoría, no te fijas en nadie más. Si bien es verdad que en el enamoramiento te sientes muy atraída por tu pareja, no es incompatible con que puedas sentir atracción por otras personas.
- **Lo primero es tu pareja, lo demás es secundario.** Mito de que el amor es lo más importante: el precepto ideal para que tu pareja te aísle sin reparos. Puede hacer que dejes amistades, sueños y familia. Si tu pareja es lo más importante, lo demás pasa a un segundo plano (es decir, tu vida), y puede provocar que te olvides de ti y te abandones en todos los sentidos.

- **Somos el día y la noche.** Mito de que los polos opuestos se atraen: cuanto menos te parezcas a tu pareja, más te va a atraer; tal vez sientas atracción por lo distinto, pero encajarás con lo similar. Quizá seáis físicamente diferentes o tengáis gustos opuestos, pero si encuentras a una persona con valores y principios distintos a los tuyos, os costará más encajar. Las parejas que se compenetran mejor van a una en valores y principios. Como veremos, este es un tema aparte.

* * *

Como has visto, existen varios factores que hacen que te quedes atrapada en relaciones que te producen malestar. Lejos de protegerte, te exponen de forma reiterada a situaciones de abuso y manipulación.

Por último, me gustaría añadir algo que he visto con frecuencia: algunas relaciones van demasiado rápido, te obligan a hacer un maratón sin haber aprendido a correr. En tres meses, parece como si llevaras dos años. Ir deprisa en una relación no tiene nada de malo, pero al principio es peligroso tomar decisiones importantes, y es algo que suele ser muy común en este tipo de relaciones. Esto se debe, por una parte, a lo que acabamos de ver y, por otra, a lo que te explicaré en el siguiente capítulo.

3

El incendio

¿Por qué no puedo salir de donde me hacen daño y sufro tanto?

Qué curiosa la costumbre de querer volver adonde nos hicieron daño para reparar ese dolor.

Cuesta entender por qué, si te daña, vuelves a caer de forma casi sistemática en esas dinámicas disfuncionales que te generan malestar. El incendio, cuando todo está prendido, explica por qué no puedes salir de allí si sabes que no te conviene quedarte, y qué procesos se dan para que sigas en ese lugar, aunque eres consciente de que no es bueno para ti.

El relato de Sandra

Me juré que esa sería la última oportunidad que le daría, pero ¿sabes qué? Que me volví a fallar: ahí estaba, una y otra vez, volviendo al lugar donde me humillaron, donde me hicieron creer que no valía, donde me sentí tan pequeña. ¿Por qué lo hacía? Era como volver a ver una película que ya sabes que no te gustó, pero que no puedes dejar de ver en bucle.

A continuación te explicaré cómo los diferentes contextos influyen en tus relaciones, y quizá eso te ayude a comprender ciertos comportamientos que has tenido, ya que, cuando entendemos algo, nos cuesta menos cambiarlo o mejorarlo. También te mostraré algunas de las razones por las que, casi sin darte cuenta, vuelves una y otra vez a lugares a los que no perteneces.

Las defensas

El relato de Denise

Mi padre y yo siempre fuimos buenos amigos; al menos, esa era mi percepción. ¡Qué ciega estaba! El poco tiempo que pasaba conmigo era el más divertido del mundo: jugábamos, me gastaba bromas, me contaba chistes, me lo pasaba increíble... A mis ojos, era el mejor padre del mundo. Con los años me di cuenta de que el tiempo que pasaba conmigo me lo daba a cuentagotas, y que por ello yo lo vivía como si me hubiese tocado el billete dorado de Willy Wonka. Cuando me enteré de lo que hizo, intenté no creérmelo. Fue como si nada hubiese pasado: tenía prohibido hablar del tema con mis hermanas, y así era más fácil para mí.

idealización

negación

Nunca olvidaré el día que mi padre entró por la puerta para hacer las maletas. Fue la última vez que lo vi en años, sin entender muy bien de qué iba la película. Recuerdo a mi madre de rodi-

llas en el salón pidiéndole que no se fuera, llorando sin consuelo, pero supongo que era demasiado tarde. Traté de buscar una lógica a lo que vivimos y justificar el hecho de que mi padre nos hubiera abandonado porque tenía una familia paralela, a la que irremediablemente eligió y priorizó. Cuando mi hermana venía a mi habitación a llorar, yo la echaba. No quería hablar del tema con nadie, dolía demasiado.

racionalización

evitación

Para darle sentido a la locura que estaba viviendo, pensaba que la culpa de todo la tenía la mujer que se había liadò con mi padre, que lo había engañado. Estaba convencida de que un día mi padre se daría cuenta y volvería. Supongo que así era más fácil vivir con ese peso en la mochila. Cuando mis amigas me sacaban el tema, les decía que, en los matrimonios, esas cosas eran habituales, que no era para tanto. Ellas alucinaban al ver cómo lo frivolizaba. Sin duda, era mucho mejor contármelo así que asumir la cruda y dura realidad.

proyección

minimización

Trataba de pasar tiempo fuera; cualquier plan me parecía mejor que estar en casa escuchando los lamentos de mi madre, que estaba destrozada. También me molestaba tener que cuidarla. Era yo la que me ocupaba de todas las tareas: lavaba la ropa, fregaba, preparaba la comida e incluso a veces duchaba y vestía a mi madre, ya que estaba inmersa en una depresión descomunal. Sin comerlo ni beberlo, tuve que crecer de golpe.

distanciamiento

inversión de roles

Lo peor, sin duda, fue el día que, años más tarde, mi padre volvió arruinado y adicto a la bebida. Mi madre, por supuesto, decidió perdonarlo y hacer como si nada hubiese pasado, pero tenían unas movidas monumentales. Yo, con tal de que no se peleasen y que no gritaran, les decía a todo que sí.

complacencia

Hasta que no me fui de casa, no pude vivir en paz. Cuando conseguí entender todo lo que había vivido, me derrumbé. Menos mal que mis amigas estuvieron ahí para apoyarme. Si no hubiera sido por ellas, no sé qué hubiera sido de mí.

En el relato de Denise encontrarás ejemplos de lo que en psicología llamamos «defensas», mecanismos conscientes o inconscientes que desarrollamos en situaciones traumáticas para defendernos o protegernos del impacto emocional que causa un hecho de semejante carga. Estos mecanismos se quedan almacenados en la memoria y se activan cada vez que reconectamos con esa situación traumática para protegernos del dolor.

Las defensas se asocian a las relaciones en las que vivimos abuso, violencia, manipulación, etc. La forma en que te cuentas las cosas o tratas de vivir esos momentos —negar o racionalizar la realidad, evitar la conexión con lo que causa dolor, proyectar la culpa en terceras personas, minimizar los hechos, invertir los roles con quienes debieron cuidar de una misma, complacer a las personas del entorno, distanciarse física y emocionalmente de los momentos difíciles, idealizar a personas dañinas...— hace que, en vez de querer irte, te quedes y elijas a la persona que te hará sufrir.

Negación

Es un mecanismo de defensa en el que niegas la realidad y no puedes tomar conciencia de lo que ha pasado o lo que has vivido. Por lo general, se suele experimentar al principio, cuando no quieres ver conductas dañinas o hablar de lo que ha pasado. Cabe la posibilidad de que pienses: «Si no hablo de ello, no ha ocurrido». Ahora bien, si lo niegas, continuarás en esa relación.

Racionalización

Consiste en separarte de lo emocional y pensar fríamente en los hechos de forma cognitiva. Es como si te distanciaras de esa carga dándole un sentido racional, y suele ir ligada a la justificación.

Evitación

Intentas alejarte de lo que está pasando centrándote en otros problemas menos importantes. Quizá saques a la luz algo secundario para no abordar lo que en realidad está pasando: que te manipulan o te están haciendo daño.

Proyección

Se produce cuando ves lo que está pasando —la manipulación—, pero, en vez de responsabilizar a la persona que lo provoca, niegas la realidad echándole la culpa a un tercero y proyectas en él la causa de la manipulación.

Minimización

Tiendes a relativizar todo lo que ocurre. Te has acostumbrado tanto a la manipulación que llega un punto en que pierde peso y carga emocional, de manera que le quitas hierro al asunto. La minimización está muy asociada a la desconexión emocional de la que ya te he hablado. Puede que alguna vez hayas contado un suceso muy doloroso y horrible, y, al final, hayas añadido la coletilla de «Eso lo tengo ya más que superado». A lo mejor te seguía doliendo, pero, al verbalizarlo así, te sentiste mejor, o tal vez trataras de convencerte de que no te dolía tanto.

Inversión de roles

Como no te cuidaron ni se hicieron cargo de ti, asumiste un rol de protección que no te correspondía. Comprendiste que te tocaba cuidar y hacerte cargo de las necesidades de las personas de tu entorno. Esto, claro, fue reforzado por partida doble: por un lado, por las personas a las que cuidaste, ya que, en vez de hacerse cargo de ti, te agradecían que las cuidases; y, por otro, al cuidarlas sentías que controlabas la situación, y eso te hacía estar bien.

Complacencia

Cuando evitas los conflictos con gente de tu entorno —complaces a todo el mundo menos a ti, te adaptas a lo que necesitan los demás y te olvidas de lo que quieres o mereces—, tus deseos quedan en un segundo o tercer plano. En el fondo, hay una necesidad de aceptación y amor, además de miedo al rechazo (del que te hablaré más adelante).

Distanciamiento

En situaciones vulnerables, insoportables o intolerables, la respuesta defensiva para tolerar la situación es el distanciamiento, tanto emocional como físico, incluso acompañado de la evitación. Es decir, te evades mentalmente de la situación o tomas distancia física de la persona que te hace daño. Como dice el refrán, «Ojos que no ven, corazón que no siente». Quizá al hacerlo tengas la esperanza de que la persona cambie, pero, en cuanto vuelves, te das cuenta de que todo sigue igual, incluso peor, ya que se enfadó cuando te fuiste.

Idealización

Se da cuando conoces a alguien y exageras sus cualidades positivas. Eso te ciega y no te deja ver la realidad, quizá porque, al principio, en esa relación todo era demasiado bueno o fue muy rápido. Siempre digo que, cuando conocemos a alguien que nos interesa, mostramos nuestra versión premium, y esto hace que te quedes en relaciones abusivas o dañinas en las que te manipulan. Tendemos a recordar lo bueno de esa persona y, cuando le ves la parte mala —mejor dicho, negativa—, solo recuerdas sus maravillosas cualidades.

La idealización puede hacer que no comprendas la realidad, ya que estás tan cegada que es posible que no la veas tal y como es. Esto es muy peligroso, ya que, al distorsionarla, es como si te estuvieras comiendo un delicioso pastel envenenado: el veneno actuará y acabarás intoxicándote.

Las defensas tienen la función de protegerte y paliar el impacto emocional del trauma, pero, como ves, en este caso provocan el efecto contrario. Lo que intenta cuidarte hace que te quedes atrapada en una relación en la que no te tratan como mereces. Por eso es necesario que les pongas nombre y las identifiques: esta información te ayudará a salir de ahí, aunque ya sabemos que es un proceso complicado.

Así como las defensas te impiden decir adiós a personas que no te tratan bien, lo mismo ocurre con las emociones bloqueantes de las que te hablaré a continuación, y veremos por qué, en ocasiones, tampoco te favorecen.

Emociones bloqueantes: las que te impiden romper

> Ojalá las cosas hubiesen sido diferentes.
> Ojalá esa persona te hubiese dado tu lugar.
> Ojalá hubiera sabido valorarte.
> Ojalá te hubiese dado el amor que necesitabas.
> Pero ¿sabes qué?
> Que el mayor amor que te puedes dar es irte de ahí a tiempo.

Hay emociones que te paralizan cuando quieres poner fin a una relación abusiva. Dolores Mosquera, en su obra

Libre, defiende que existen emociones bloqueantes que hacen que te cueste salir de las relaciones de abuso y manipulación.

En este apartado, voy a detallar las emociones que pueden bloquearte o paralizarte a la hora de acabar con una relación en la que no te tratan como te mereces. Imagínate las emociones como si fueran mensajeras que te traen una información valiosa, así que debes escucharlas: te indican cómo estás y qué necesitas.

La culpa

Te avisa cuando no actúas según tus valores, te hace saber que, quizá, alguien está preocupado por ti y te anima a reparar el posible daño que hayas hecho. Sin embargo, cuando te manipulan, la culpa que sientes la provoca la otra persona. En esta situación en la que sientes culpa sin ser culpable, a la única que tienes que ayudar es a ti.

En ese caso, sentir culpa es disfuncional, no te ayuda en absoluto, ya que no es real, sino infundada por la manipulación. Más adelante, en la cuarta parada, te enseñaré algunas herramientas con las que podrás trabajar este tipo de culpa.

El miedo

Te advierte de un peligro, ya sea real o imaginario. A nivel evolutivo, el miedo ha hecho que proliferara la especie humana: nos protegía de las adversidades inminentes.

Ante el miedo, se pueden dar tres posibles respuestas:

1. **Congelación:** no sabes qué hacer y, literalmente, te quedas quieta, no haces nada por el bloqueo que te produce la situación.
2. **Huida:** tu cuerpo se prepara para salir pitando de ahí.
3. **Lucha:** decides quedarte y combatir. También está relacionada con el enfado, ya que te conecta con tus límites, con lo que no estás dispuesta a tolerar, y por ello también luchas.

En situaciones en las que has vivido manipulación, abuso o violencia, tienes la sensación de que, hagas lo que hagas, las cosas no cambian y cada vez te ves con menos opciones de salir de ahí. En ese caso, la respuesta que se da con mayor frecuencia es la de no hacer nada, la indefensión aprendida de la que te hablaré más adelante. Ante esta situación, sientes que debes quedarte, aguantar el tipo como puedas hasta que pase la tormenta.

El miedo, en este caso, en vez de ser tu aliado, se convierte en tu enemigo. Podemos decir que es disfuncional porque no te protege, no te salva, sino que te paraliza, evita que pongas fin a esa relación que te complica la vida. Por ello te conviene contar con estrategias de afrontamiento para que, cuando vivas escenas violentas o que te produzcan malestar emocional, puedas manejarlas de forma adecuada y saludable para ti.

La vergüenza

Aparece para avisarte de que, bajo tu criterio o sistema de creencias y valores, estás haciendo el ridículo o has perdido la dignidad.

En casos de manipulación o maltrato, puede resultar disfuncional, ya que, por miedo a ser juzgada, al qué dirán o a lo que puedan pensar o decir de ti al saber lo que estás viviendo, antepones quedarte en una relación en la que sufres para no dar explicaciones cuando decides que ya no quieres seguir ahí.

La pena

Indica qué nos importa de verdad. Cuando sientes pena, significa que esperabas algo que considerabas importante, pero no se ha cumplido; no ha salido adelante algo que te hacía ilusión, o te da pena la pérdida de personas o situaciones concretas.

Si te están manipulando, la pena se convierte en una emoción bloqueante, ya que te impide salir de esa situación. Puedes sentir pena por pensar que la persona que te manipula necesita de tus cuidados o porque te cueste soltar ese vínculo al verla débil. En estos casos, diríamos que es disfuncional, ya que, en vez de darte información valiosa, te incapacita para poner límites o acabar con una relación en la que estás sufriendo.

Desde este prisma, las emociones te bloquean y te impiden ver la realidad y decir adiós a las personas de tu vida que te causan malestar. Por eso es fundamental conocerlas a fondo y saber qué hacer con ellas cuando las experimentas en situaciones complicadas para ti.

Igual que las emociones, existen otros factores que hacen que tardes más en salir de relaciones nocivas, como las distorsiones.

Veámoslas a continuación.

Distorsiones o creencias erróneas que te hacen seguir en relaciones de este tipo

> Te quise mucho más que a mí, imagínate todo el daño que me hice.
>
> ANTOINE DE SAINT-EXUPÉRY,
> *El Principito*

Como su nombre indica, son pensamientos distorsionados, es decir, que se alejan de la realidad. Todas las distorsiones y creencias erróneas fomentan que te cueste alejarte de situaciones o relaciones en las que estás sufriendo algún daño, abuso o manipulación.

Veamos en la siguiente tabla cómo son los pensamientos distorsionados de las personas que sufren manipulación y los de quienes manipulan:

Pensamientos distorsionados de quienes sufren abusos o manipulación	Pensamientos distorsionados de quienes manipulan y abusan
«Me lo merezco, seguro que hice algo mal».	«Lo hago porque se lo merece, se portó mal».
«A veces el amor es así, hay que aguantar».	«El amor es así: unas veces estamos bien y otras, mal».
«Provoqué que reaccionara así, es normal que se enfade».	«Provocó que me portara así, es normal que me enfade».
«Debo entenderlo, tiene mucho carácter».	«Tiene que entenderme, tengo mucho carácter».
«No encontraré nada mejor».	«No vale nada, solo yo puedo quererla».
«Nadie me va a querer».	«Nadie la va a querer, con el asco que da».
«Más vale malo conocido que bueno por conocer».	«Solo la puedo querer yo».

Estos son algunos ejemplos de las distorsiones que comparten las personas que abusan y sus víctimas. Si al leerlos te quedas con ganas de añadir alguno más, hazlo, por favor.

Estas distorsiones compartidas te mantienen unida durante más tiempo a la persona que abusa o manipula, así que es muy importante que rompas con esa dinámica tan nociva.

Otros factores que hacen que te quedes donde te hacen daño

> Siempre acabas volviendo, y yo siempre acabo abriéndote la puerta a que me hagas daño, una y otra y otra vez.

Existen otros elementos que te atrapan en situaciones en las que no es bueno que te encuentres: que guardes lealtad a quien te manipula, que tengas un afecto positivo disfuncional —es decir, un afecto exageradamente bueno— hacia quien te causa malestar o hacia el entorno que, lejos de ayudar, en ocasiones te impide la salida.

A continuación te explicaré algunos de estos otros factores que pueden interferir en tu decisión de dejar ir esa relación que te hace tanto daño.

Vínculo traumático

Hace poco leí una historia que me dejó helada: una joven se enamoró de un tipo que la prostituía y que era muy violento con ella. Le pegaba palizas, la violaba, pero ella seguía con él a pesar de todo.

Nadie conseguía entender por qué volvía a los brazos de su proxeneta como si de un imán se tratara, hasta que se comprendió el funcionamiento de los vínculos traumáticos: cuando algo nos es familiar —como lo que hemos vivido en la infancia—, el cerebro entiende que es lo normal, de modo que repetimos patrones aprendidos.

En el caso de esta chica, cuando evaluaron su historia

de vida, descubrieron que su padre era alcohólico y que pegaba a su madre. Su aprendizaje del amor había sido «donde hay amor, hay violencia», por lo que su cerebro tendía a volver a sitios en los que le habían hecho daño porque para ella era normal en el amor. Podríamos decir que su infancia marcó el camino para que, de adulta, repitiera ese patrón.

Hernández Pacheco afirma que el cerebro tiende a volver a los entornos que conoce, aunque esto implique poner en riesgo a la persona. Por eso podemos entender que la chica de esta historia vuelva una y otra vez con el proxeneta que le causa tanto malestar porque, en cierta manera, está repitiendo el modelo que vivió en la infancia.

Tiempo invertido: inversión emocional

Explica por qué muchas veces nos mantenemos en una relación en la que hemos invertido tiempo, esfuerzo y sacrificio. Cuando empleamos momentos, recursos y empeño en conseguir algo, nos cuesta más abandonarlo. Por ejemplo, imagina que mantienes una relación difícil con tu hermano. Has hecho todo lo posible por salvarla porque, a fin de cuentas, es tu hermano: dialogar, empatizar, escuchar su punto de vista e incluso le has propuesto ir a terapia familiar. Has invertido mucho esfuerzo y tiempo en esa relación, por lo que, en cierto modo, crees que merece la pena. Te has sacrificado, has tratado de entender qué pasaba, por qué os llevabais mal, qué estaba en tu mano para salvar la relación… Por todo ello, seguramente te lo pienses dos veces antes de ponerle fin.

Costumbre de la dinámica disfuncional

Cuando pasas mucho tiempo en una relación en la que se mantiene un patrón de comportamiento dañino, tiendes a normalizarlo y, poco a poco, vas quitándole hierro al asunto, dejas de ver su gravedad. En ese caso, lo que al principio te parecía intolerable, con el tiempo lo asumes como algo normal. Es como si la parte de ti que sabe que eso no está bien se fuera durmiendo, y esa voz fuera cada vez más pequeña. De ese modo, acabas asumiendo que la relación es así, a pesar de los momentos de dolor que no dejas de vivir.

Amnesia perversa

Este término explica que solemos recordar con frecuencia las situaciones agradables y olvidar las desagradables o las que nos hicieron daño. A nivel evolutivo, esto tiene una explicación bastante lógica: si estuviéramos todo el tiempo recordando el malestar, no podríamos tener una vida funcional ni habríamos sobrevivido como especie. Además, tendemos a recordar las situaciones placenteras y olvidar las dolorosas porque la parte positiva es tan buena que tiene mucha carga emocional.

Se cree que, en situaciones de riesgo, el cerebro libera dopamina para protegerte del daño que estás viviendo. Sin embargo, ese mecanismo de supervivencia, útil a nivel evolutivo, aquí resulta nocivo porque, en vez de protegerte, está produciendo el efecto contrario. Esa dopamina suprime el recuerdo doloroso y te deja con el bueno y bonito.

Así, te costará mucho más salir de esta relación, ya que los buenos momentos tendrán más peso que los malos, y de este modo es difícil que no quieras quedarte.

Afecto positivo disfuncional

Como fruto de la idealización y la lealtad, puedes sentir un gran y profundo amor por la persona que te manipula y te hace daño. Se llama «disfuncional» porque no es bueno que guardes lealtad o amor a una persona que ha sido o es tan dañina para ti.

Este afecto positivo disfuncional hará que te quedes en esa relación más tiempo del que deberías. Más adelante te contaré qué puedes hacer para salir de ese bucle tan turbio en el que te metiste casi sin darte cuenta.

Lealtad a la persona que te manipula o que abusa de ti

Es ese sentimiento de fidelidad por el que, pase lo que pase, estarás a su lado, siempre lo defenderás o te pondrás de su parte a pesar de que haya quien intente abrirte los ojos. Esta lealtad, gran parte de las veces, la introduce la persona que te manipula para hacerte sentir que le debes algo. Sea encarga de plantar y hacer que germine la semilla de la lealtad y la devoción en ti, y genera un sentimiento profundo de respeto y admiración. Por tanto, será mucho más difícil que abras los ojos. Es un proceso lento y meticuloso.

Entorno

El entorno en muchos casos no ayuda, ya sea porque todos se ponen a favor de la persona que te manipula o porque ellos también sufren esa manipulación. Por ello, su respuesta será seguramente la de minimizar, negar o ignorar lo que estás pasando, haciéndote sentir que exageras, que no es para tanto o que lo que te toca es aguantar.

En ocasiones, el entorno está formado por familia o gente muy allegada a quien te manipula y, por ende, lo más probable es que se ponga de su parte y te deje desprotegida. También es posible que su entorno haya normalizado determinadas manipulaciones y abusos, y no sea capaz de valorarte o validarte.

Como ves, existen muchos factores que influyen en que te mantengas en relaciones que no te hacen bien. Algunos no dependen de ti, pero te impiden terminar una relación en la que estás sufriendo.

* * *

Hasta aquí te he presentados los factores y las cualidades que hacen que entres, mantengas o vuelvas a relaciones en las que experimentas algún tipo de sufrimiento, te manipulan o abusan de ti. Como has visto, la educación que recibiste, las relaciones en tu infancia y tus ideas irracionales, entre otros aspectos, hacen que te cueste salir de una situación de abuso.

Otro punto importante que me gustaría dejar claro es que no todo depende de ti. Así como he enumerado todas las características anteriores, hay personas que te embaucan, te engañan y, aunque seas una persona segura, son capaces de destruirte y hacerte daño casi sin verlo venir.

En la siguiente parada de este viaje veremos la personalidad más manipuladora, la narcisista —cómo es su mente y el daño que es capaz de causar—, para que estés lo más prevenida posible y entiendas muchos factores que, de otra forma, te costaría comprender. Ojalá que en las próximas líneas encuentres las respuestas que anhelas y te ayuden a entender por qué esa persona te hizo tanto daño, por qué te trató con desprecio y por qué te quedaste con poco margen de maniobra ante sus ataques.

No te bajes en esta parada, no todo es malo. Aunque el panorama parezca desolador, hay salida. Créeme, la hay, te lo garantizo.

Segunda parada

¿Cómo es la mente de un narcisista? Personalidad y categorías

Imagina que vas por la selva, te muerde una serpiente y, en vez de ir a ponerte el antídoto, te vas detrás de la serpiente a preguntarle por qué te ha mordido.

Anónimo

En este bloque veremos cómo son las personalidades más oscuras, las que más abusan y manipulan. En concreto, me centraré en la narcisista. Te ayudaré a entrar en la mente de un narcisista para que veas cómo piensa, cómo siente y qué es lo que siempre ha querido de ti: utilizarte como un medio para sus deseos egoístas.

El relato de Mikaela

Pasó hace años, pero lo recuerdo como si fuera ayer. Acababa de terminar la carrera y estaba como loca por trabajar de lo mío. La verdad es que elegí un sector que no tiene muchísimas salidas profesionales, así que el primer puesto que encontré me pareció la oportunidad de mi vida. Entré en el periódico con toda la ilusión del mundo, aunque se fue desvaneciendo a medida que avanzaban los días. Vengo de una familia humilde en la que siempre me inculcaron el esfuerzo y el sacrificio, de modo que estaba dispuesta a aguantar con tal de trabajar en mi gremio.

careta de persona encantadora

Al principio nada parecía como fue después. Mi jefe era una persona aparentemente encantadora, agradable y culta. Recuerdo que, cuando entré en la empresa, lo admiraba. Era cierto que no me dedicaba mucho tiempo, pero los momentos que pasaba aprendiendo de él me parecían oro. Un día que estaba terminando de redactar un artículo, me llamó a su despacho. Fui sin tener ni idea de lo que pasaría. Resultó que había hecho algunas cosas mal, y quise entender cómo mejorar, pero me contestó: «Si no lo sabes, eres estúpida, niñata inculta». Lo dijo con tanta indiferencia que me dejó sin aliento. Salí del despacho y me fui a mi mesa tratando de entender qué acababa de pasar. Después de esto, me retiró la palabra durante dos semanas, ni siquiera me miraba. Hice lo posible para que me hiciera caso, pero pasaba por mi lado y me sentía invisible a sus ojos.

despreciox y aires de superioridad

ley de hielo, de la que hablaré en la tercera parada

Cuando volvió a hablarme, lo hizo con aires de grandeza. Estaba desconcertada, ya que no se parecía en nada a la persona que había conocido al entrar en la empresa. Recuerdo que me iba a casa repasando cada frase, cada palabra que había dicho, tratando de entender qué era lo que le causaba tanto rechazo. Cuando me explicaba algo, lo hacía con condescendencia, como si me estuviera perdonando la vida. Me trataba de tonta, me humillaba delante de los demás. Me hice cada vez más pequeñita e insegura. Sentía que, hiciera lo que hiciera, no le iba a gustar, no me iba a aprobar. Mi voz interior me decía «Sal de ahí», pero no podía. Pensaba que no iba a encontrar nada mejor, al menos eso me hizo creer él.

generación de culpabilidad

Menos mal que aquel día hablé con mi madre. Acababa de salir de trabajar, estaba reventada. Llevaba en la oficina más de doce horas, así que, nada más descolgar el teléfono, rompí a llorar, y me dijo «Tranquila, estoy aquí, pero me duele verte así», y empezó a llorar conmigo. Me impactó tanto oír llorar a mi madre que decidí que sería la última vez. Me puse en modo búsqueda como si no hubiera un mañana. Al mes me llamaron, pasé todas las entrevistas y me fui. Recuerdo su cara de cólera y la última frase que me dijo: «Yo te enseñé y yo puedo destruirte cuando quiera».

amenazas y falta de empatía

Seguro que te has dado cuenta de que el jefe de Mikaela era una persona que la manipulaba constantemente: la insultaba, le retiró la palabra, la menospreciaba. Ya podemos intuir qué clase de persona es: un narcisista. Pero, ojo, no todos los manipuladores son narcisistas ni todos los narcisistas son iguales.

4

Hablemos de narcisismo

En este capítulo te voy a contar todo lo que sé del narcisismo para que entiendas de dónde viene esta personalidad, cómo se comporta y cómo piensa y se mueve en la sociedad, pero sobre todo para que puedas defenderte. Espero que, con las siguientes líneas, comprendas mejor esta personalidad y aprendas a manejarla para que te haga el menor daño posible si tienes la mala suerte de coincidir con un perfil así.

¿Por qué se le llama «narcisismo»?

Su origen está en la historia de Narciso, un ser mitológico muy enamorado de sí mismo, y eso es justo lo que les sucede a las personas narcisistas. Para entender este concepto, lee su fábula.

Fábula de Narciso

Según Ovidio, Narciso era hijo del río Cefiso y de la ninfa Liríope. Su belleza despertaba el amor en todos los corazones, pero él rechazaba con desdén inflexible a todos, hombres y mujeres. La ninfa Eco también se enamoró de él, pero Narciso hubiera preferido mil veces la muerte a sus abrazos. Un joven al que Narciso había roto el corazón se lamentó desesperado: «¡Ojalá llegue a amar con la intensidad que yo le amo y nunca pueda poseer el objeto de su amor!». Némesis oyó aquella amarga plegaria y la ejecutó. Un día que Narciso regresaba de cazar, pasó cerca de un arroyo y, al inclinarse a aplacar su sed, vio reflejada en aquellas límpidas aguas su propia imagen. Quedó extasiado y sintió un ardiente deseo por aquel cuya imagen le devolvía el agua, sin saber que se trataba de sí mismo. Desesperado por no poder alcanzar el objeto de su amor, que huía de sus manos disolviéndose, fue languideciendo de pasión insatisfecha hasta morir al pie de aquellas aguas. Fue metamorfoseado en una flor, el narciso, símbolo entre los antiguos de la muerte prematura.

René Martín, *Diccionario de la mitología clásica*

Narciso estaba profundamente enamorado de sí mismo hasta el punto de no poder amar a nadie más, de ahí que le pusieran su nombre a este trastorno de la personalidad. Si te das cuenta, es justo lo que sucede con la personalidad narcisista: solo son capaces de amarse a sí mismos.

La personalidad narcisista

La personalidad narcisista es un trastorno de salud mental definido por una serie de conductas o comportamientos en los que quien lo padece tiene aires de superioridad.* Siente y cree que es mejor que el resto, y que el mundo le debe algo por el mero hecho de existir. No es capaz de querer a nadie ni de tener empatía por nadie que no sea él. A pesar de lo que

* Hablaré del narcisismo en masculino, ya que este trastorno lo padecen más hombres que mujeres, pero está claro que también hay mujeres narcisistas. Como he mencionado al principio del libro, espero que a ningún hombre le parezca que lo excluyo o lo señalo, sino que todo el mundo se sienta acompañado por mí.

aparentan, son personas con una autoestima dudosa que te harán creer que se quieren mucho, pero, a su vez, necesitan un refuerzo externo para sustentar sus delirios de grandeza. Suelen tener problemas en las relaciones, pues creen que la gente de su entorno les debe algo, y, si no se lo dan, se vuelven irascibles, irritables, insoportables. Cuando no obtienen lo que quieren se sienten decepcionados, y son caprichosos, engreídos, prepotentes… Vamos, una joya.

Según el DSM-V —manual de referencia para el diagnóstico de los trastornos mentales—, el trastorno de personalidad narcisista se define así:

> Patrón dominante de grandeza (en la fantasía o el comportamiento), necesidad de admiración y falta de empatía que comienza en las primeras etapas de la vida adulta y se presenta en diversos contextos, y que se manifiesta por cinco (o más) de los hechos siguientes:
>
> 1. Tiene sentimientos de grandeza y prepotencia (exagera sus logros y talentos, espera ser reconocido como superior sin contar con los correspondientes éxitos…).
> 2. Está absorto en fantasías de éxito, poder, brillantez, belleza o amor ideal ilimitado.
> 3. Cree que es especial y único, y que solo pueden comprenderle o solo puede relacionarse con otras personas (o instituciones) especiales o de alto estatus.
> 4. Tiene una necesidad excesiva de admiración.
> 5. Muestra un sentimiento de privilegio (expectativas no razonables de tratamiento especialmente favorable o de cumplimiento automático).

6. Explota las relaciones interpersonales (se aprovecha de los demás para sus propios fines).
7. Carece de empatía: no está dispuesto a reconocer o identificarse con los sentimientos y necesidades de los demás.
8. Con frecuencia, envidia a los demás o cree que estos sienten envidia de él.
9. Muestra comportamientos o actitudes arrogantes, de superioridad.

Lo que te habrán contado o habrás leído en otros libros es que de trastorno de personalidad narcisista solo se diagnostica a un 1 por ciento de la población, lo cual es cierto (no lo digo yo, sino las estadísticas). Sin embargo, me gustaría añadir que diagnosticar a una persona con este trastorno es muy difícil, ya que, como no reconoce que tiene un problema, rara vez se pondrá en manos de un profesional de la salud mental. Por eso podemos pensar que hay más personas con este trastorno de las que se diagnostican.

Desde mi punto de vista, etiquetar a estos perfiles es quitar hierro al asunto, escudarles en que, como tienen un trastorno, se comportan así y hay poco que hacer. No debería ser así. Por eso hablo de la personalidad narcisista; si el narcisismo se tratara como un trastorno de la personalidad, podríamos excusar muchas conductas intolerables.

Con **personalidad narcisista** me refiero a todo aquello que engloba las conductas y los rasgos de esta personalidad, ya sea porque cumple con el perfil completo que se describe en el DSM-V o algunas de sus características, como ser una persona sin empatía y con delirios de grandeza.

Hay algo que me preocupa mucho: por el mero hecho de ser egoísta nadie tiene que etiquetarse de narcisista. Como sociedad, tenemos un grave problema a la hora de poner etiquetas descontroladamente: «Este es un narcisista», «Esta es una fresca», «La otra es una desquiciada»... De un tiempo a esta parte se está hablando mucho de narcisismo porque es una etiqueta sencilla de poner a todo un conjunto de características, cualidades y comportamientos que, por desgracia, nos estamos encontrando cada vez más a la hora de relacionarnos, lo cual es alarmante. Ponemos etiquetas porque nos facilita entender la realidad. Si le pongo la etiqueta de narcisista a mi ex, me costará menos entender por qué me hizo daño, pero en realidad es más complicado.

El mensaje que quiero transmitir a través de este viaje de conocimiento, autoconocimiento y sanación es el siguiente: me da igual que tu jefe, tu padre, tu ex o tu cuñado fuera un narcisista, eso sería poner el foco fuera, en los demás. No quiero que te centres en lo que ha hecho el otro, sino en cómo estás tú, cómo te sientes, cómo puedes procesar lo que has vivido o estás viviendo y, sobre todo, cómo sanar después de algo así.

Rasgos de la personalidad narcisista

Los síntomas que aparecen en estas personas son los siguientes:

- Tienen aires de superioridad y necesitan constantemente la admiración de su entorno.
- Se creen con derecho a recibir privilegios y un trato exclusivo por el mero hecho de existir.
- Tienen conductas arrogantes, alardean de lo que son y de lo que han conseguido hasta el punto de sonar engreídas.

- Critican y menosprecian a las personas que consideran que no están en su rango o nivel social.
- Tienden a aprovecharse de los demás para conseguir sus objetivos.
- Se creen que la gente las envidia y tienden a envidiar a los de su entorno si consiguen lo que ellas desean.
- Son incapaces de reconocer las necesidades de los demás.
- Se consideran mejores que los demás y solo pueden pasar tiempo con quienes crean que están a su nivel.
- Se comportan con condescendencia.
- Les cuesta gestionar sus emociones, sobre todo la ira.
- Son impacientes.
- Tienen miedo al desprecio y la infravaloración.
- Evitan situaciones en las que puedan fracasar.
- Tienden a ser seductoras y manipuladoras.
- Envidian a los demás por lo que tienen.
- Buscan el poder y el control.
- Son egoístas.
- Buscan el reconocimiento constante para sentirse superiores.

Pensamientos de una persona narcisista

Para entender mejor cómo razonan las personas narcisistas te dejo algunos ejemplos de cuáles son sus pensamientos más frecuentes.

- «Solo me comprenden las personas inteligentes como yo».
- «Necesito que me reconozcan».
- «Si los demás no me respetan, merecen ser castigados».
- «Me esperan cosas grandes, porque soy una persona grande».

- «La gente no tiene derecho a hablar mal de mí».
- «Mis necesidades están por encima de las de los demás».
- «Siempre tengo la razón y los demás se equivocan».
- «Los demás tienen que respetarme».
- «Estoy por encima del resto».
- «Necesito ser el centro de atención».
- «La gente me ve como un líder natural».
- «Sin mí, la gente se aburre».
- «Sé que soy especial porque me lo dicen todo el tiempo».
- «Demando el respeto que me merezco».

Tienen tal necesidad de alimentar su fantasía de grandeza que son capaces de hacer lo que sea por conseguirlo: juntarse con personas por mero interés o usarlas como instrumento, fingir tener o ser lo que no son, pisar a los que supuestamente forman parte de su círculo o red de apoyo, inventarse historias de logros, hacer sentir inferiores a los de su entorno para sentirse superiores y un largo etcétera de conductas hirientes.

A continuación voy a detallar cómo es la estructura de la personalidad narcisista, pasando por su origen y entrando en su mente para averiguar cómo ven las cosas.

El origen de la personalidad narcisista

Cría cuervos y te sacarán los ojos.

Quizá te resulte curioso que el origen de esta personalidad tan manipuladora sea el mismo que el de las personas que caen en sus garras. Este perfil ha sido víctima de situaciones muy parecidas a las de quienes han sufrido sus manipulaciones. La personalidad narcisista viene de una herida profunda provocada por:

1. **No haber recibido amor.** Familias en las que ha habido un apego* negligente: los educadores o las figuras de apego no estaban presentes, no se hicieron cargo del infante, no le dieron amor o lo abandonaron emocionalmente, y esto le generó un sentimiento de rechazo que luego, de adulto, trata de suplir fingiendo que todo el mundo le ama.
2. **Sobreprotección.** Familias que se lo han dado todo a sus hijos, los han consentido y no les han marcado límites ni directrices, de modo que han educado a tiranos. Desde los primeros años, crece con ese sentimiento de que el mundo le debe algo, y por eso se comporta de manera tan déspota y soberana, porque entendió que todo el mundo le debe amor y complacencia.
3. **Violencia y manipulación.** El aprendizaje vicario explica que, desde pequeños, los niños aprenden a través de la observación y la imitación de las conductas de las personas que los crían y educan. Cuando en ese contexto hay manipulación, abusos y maltrato, una de las consecuencias es que aprenden a relacionarse a través de la violencia, y esta se convierte en el eje central de sus relaciones. Al recibir tanto daño, las personas narcisistas se llenan de odio, y lo suelen canalizar vinculándose con gente a la que luego le harán lo mismo que ellas vivieron.

* Vínculo afectivo que se establece entre un o una bebé y la persona encargada de su cuidado.

4. **Padres y madres narcisistas.** Por el aprendizaje vicario, si de pequeño vivió en una familia de progenitores narcisistas, es posible que desarrolle las mismas conductas y, por ende, acabe comportándose así al imitar a las personas que se ocuparon de él.

El narcisista es, a su vez, víctima de situaciones complejas y complicadas con las que ha tenido de lidiar, y por ello, desde su herida más profunda, se comporta de esta manera. Dicho esto, ¿puedes ayudarlo? Mi respuesta es clara: ¡de ninguna manera! Un narcisista necesita la ayuda de un profesional de la salud mental. Te explicaré por qué: rara vez reconocerá que tiene un problema, ya que vive enfocado en que los demás le hacen daño, deberían pedirle perdón, le ponen la zancadilla en su camino al éxito… Entonces, si te planteas ayudar a alguien que no cree que necesite ayuda, la que saldrá mal parada seguramente serás tú.

En la mente del narcisista

El relato de Nuria

necesidad de admiración

Era una persona que necesitaba que todo el mundo le dijera lo bueno que era en su trabajo, lo bien que lo hacía, lo inteligente que era. De cara a los demás, mostraba un comportamiento ejemplar: tenía un montón de amigos, era el mejor en su trabajo, un líder nato.

De puertas para dentro era otra cosa: no me dejaba hacer nada, no podía opinar sobre nada, me anulaba, me hacía fingir delante de la gente. Ahora lo pienso fríamente y no entiendo cómo me comporté así. Bueno, sí, porque no fue algo repentino, sino progresivo. Casi sin darme cuenta, fue comiéndome terreno. Cuando decidía dejarle, lloraba y me rogaba, y yo, como tonta, caía de nuevo, con la ilusión de que esa vez fuera diferente. Pero no lo fue, así que me sentí estafada, engañada, ninguneada, miserable e infeliz.

Nuria, como tantas otras, fue víctima de una persona con rasgos narcisistas. Si te fijas, como he mencionado, de puertas para fuera tratan de ser encantadoras, gustar, sentir que los demás los adoran. El problema es que, cuando encuentran una víctima, dejan que se les caiga la careta y muestran su verdadero yo. Para quien lo sufre, es un auténtico infierno.

En las siguientes páginas te explicaré algunas de las conductas que tienen estos perfiles para que puedas identificarlas al instante, defenderte de ellas y salir huyendo lo antes posible.

Yonquis de la admiración: «La única persona importante aquí soy yo»

Una de las características fundamentales del narcisista que, en parte, es el motor que lo anima a levantarse cada mañana es la necesidad de sentirse admirado y querido. Busca víctimas a las que menospreciar y manipular para exprimirlas al máximo y que le den todo el amor del que carece. Por otro lado, necesita rodearse de monos voladores (de los que hablaré más adelante) que secunden y apoyen todo lo que haga para inflar más su ego. Su droga es generar admiración entre las personas de su entorno, y hará todo lo que esté en su mano por consumir la dosis que necesita para seguir adelante.

Es posible que te encuentres este perfil en altos cargos o personas con muchos seguidores en las redes sociales, ya que esto le proporciona el chute al que es adicto para seguir con su vida. Sentir que está por encima de los demás o que pertenece a un grupo social distinguido llenará el vacío que siente, por el que busca desesperadamente esa admiración al precio que sea.

Doble autoestima: «Soy perfecto, no hay ningún fallo en mí»

Por un lado, muestra una autoestima de hierro: nada le para, nada le duele, nada le afecta. Por otro, es una persona frágil, insegura y que necesita un refuerzo exterior constante. Sería como el chulito de turno que suele decir: «Me río en tu cara». Ojo, no digo que todas las personas que dicen esta frase sean narcisistas; me refiero a que esa conducta de defensa y máscara nos hace pensar que, en el fondo, no le hace gracia que la gente hable mal de él, que no lo adore o no ser el centro de atención. Una persona con la autoestima sana no tiene que gritarlo a los cuatro vientos, atacar, vacilar ni meterse con la gente. Cuando te sientes bien contigo, no tienes la necesidad de mostrárselo al mundo. El narcisista es experto en eso: parece que nada le duele, que está genial, incluso que no sufre, pero detrás de esa fortaleza se esconde una gran fragilidad.

Hay teorías que afirman que construye esta máscara como un «*fake it until you make it*», o lo que es lo mismo: finge hasta que sea real. Vive una realidad tan distorsionada que se cree su propia fantasía de persona engrandecida a la que nada lo para y nada le afecta. Es probable que nunca reconozca que algo le molesta, pues, por lo general, sus delirios de grandeza no le permiten conectar con ese dolor y vacío, y lo negará hasta la muerte. Crear esta careta le ayuda a sobrevivir porque en el fondo es una persona profundamente herida.

Esta falsa autoestima de persona todopoderosa le ayuda a vivir en un mundo que, en lo más profundo de su corazón, lo destroza. ¿Con esto quiero decir que corras a sus brazos a ayudarlo? Por supuesto que no. Para empezar, porque nunca reconocerá que tiene un problema, como ya hemos visto. Para seguir, porque la única persona que saldrá malparada si decides ayudarlo serás tú. Si te pide ayuda o reconoce que tiene un problema, será para manipularte y obtener algo de ti. Te lo cuento para que entiendas que, aunque lo veas feliz y triunfador, en el fondo es un desgraciado que no puede sentir lo mismo que tú y que yo.

El perdón: «Solo pediré perdón para obtener algo a cambio»

Es posible que, en algún momento, te hayas preguntado «¿Será capaz de cambiar? ¿Me pedirá perdón?». Te invito a que me respondas: ¿tú qué crees? ¿Con que función o finalidad piensas que pide perdón? ¿Crees que es consciente del daño que te ha hecho? ¿Hay arrepentimiento en sus palabras o actos?

Cuando una persona nos trata mal, tenemos que taparnos los oídos y observar su conducta, ver cómo nos trata, qué hace. El único momento en que un narcisista pide perdón es cuando quiere algo de ti. Es un perdón con segundas intenciones, sin arrepentimiento, sin entender tu dolor, o lo más grave: sabiendo que te ha hecho daño, pero sin cargo de conciencia. Aunque te cueste creerlo, el narcisista carece de empatía, no es capaz de ponerse en tu lugar y experimentar el daño que te ha causado o te está causando. Por ello, piensa que la reparación debes hacerla contigo. Siento decirte que este perfil jamás reconocerá el daño que te ha hecho y, por ende, no te pedirá perdón desde el corazón y el arrepentimiento.

Juego de poder: «Siempre debo tener el control»

Una estrategia frecuente que emplea el narcisista es hacer partícipe a su víctima de un juego de poder: te engrandece, te alaba, te hace sentir la persona más poderosa del mundo, única y especial, y luego te quita todo ese poder a través de la devaluación o el descarte, de los que te hablaré más adelante. ¿Por qué lo hace? Para sentir la sensación de dominio y poder sobre ti, como si fuera una especie de dios que puede hacer lo que le dé la gana con las personas. Le aporta esa sensación de control y poder que tanto necesita, de sentirse superior al resto con la idea de «puedo destruir a esta persona cuando quiera».

Sabe cómo conseguirlo: de primeras te engatusa, te conquista e incluso te enamora (depende del vínculo que tengas con esta persona) para después, una vez sabe que te tienen en sus manos, destruirte por completo. Vivir una relación con un narcisista es como subir al último piso de un rascacielos para que después este te lance por la ventana sin miramientos. Te recuerdo que no le importas, solo se importa él mismo.

Preocupado por su reputación: «Lo único que me importa es que se hable bien de mí»

Si hay algo que realmente preocupe al narcisista es su reputación, lo que los demás puedan decir y pensar de él. Está claro: si se ve afectado, no podrá estafar a más víctimas ni hacerlas entrar en su juego de poder. Por ello, cuidará a conciencia su fama y tratará de meterse en el bolsillo a las personas adecuadas a base de adularlas, embaucarlas y manipularlas para que tengan una imagen distorsionada y positiva de él.

El narcisista vive de lo que los demás digan de él, por eso se los gana a pulso, ya sea con dinero, con halagos o haciendo favores que se traducen en comprar su fama para que le den buena prensa y, de esta forma, tener la posibilidad de estafar a más gente.

El interés: «Si puedo aprovecharme y sacar un beneficio de ti, lo haré»

Es posible que hayas caído en la trampa de pensar, en algún momento, que le importas. Quizá te haya hecho creer que es así. Lamento decirte que, bajo ningún concepto, el narcisista se preocupa de alguien que no sea él mismo. Si alguna vez has percibido que le importas, seguramente haya sido porque esperaba obtener algo de ti. Este perfil ve a los demás como un medio para conseguir sus fines, para lograr sus objetivos.

Es lo que se define como «mentalidad parasitaria»: se aprovecha de la gente de su entorno para trepar y conseguir sus objetivos, seduce, adula y engancha para obtener un fin de sus víctimas o monos voladores, de los que te hablaré más adelante.

Armas de seducción: «Tengo estas armas y pienso utilizarlas»

A través de sus atributos —físicos, intelectuales, sociales o todos a la vez—, se gana a las personas de su entorno para que le cueste menos alcanzar sus objetivos. Se relaciona a través de la seducción, el arma letal con la que engaña a su víctima y la hace caer en su trampa, como la araña atrapa a la mosca en su telaraña invisible.

La seducción consiste en lo siguiente: realiza un despliegue de medios, estudia a quien tiene delante y se camufla. Es camaleónico y se adapta a su víctima para convencerla y hacerle creer que es la persona ideal, inteligente, atractiva... Capta al instante sus puntos débiles y se adapta a las necesidades de cada persona seducida para sacarle lo que quiere, busca o necesita de ella. Para un narcisista, solo eres un medio para conseguir su fin.

Incapaz de sentir amor por nadie que no sea él: «No importa nadie tanto como yo»

Ya sé que te gustaría creer que la relación que tuviste fue real, que te quiso de verdad... Déjame decirte que en parte lo fue, al menos por tu lado. El narcisista no quiere de verdad, no puede. Solo se ama a sí mismo. Su herida de abandono o sobreprotección es tan grande y está tan latente (aunque no pueda verla) que no es capaz de ver más allá de su persona.

Cualquier intento por merecer su amor será vano, es imposible. Incluso podrás creer o te parecerá que sí, que siente algo, pero es su manipulación jugándote una mala pasada. Créeme cuando te digo que no es capaz de amar, que no le importas lo más mínimo y que solo te ve como un medio para conseguir lo que quiere.

Su careta: «A ojos de los demás, soy una persona excepcional»

Por lo general, el narcisista es encantador, una persona fascinante, pero lo único que fascina es la personalidad que construye de cara a los demás. Para obtener lo que quiere, sabe qué armas tiene que utilizar. Demanda atención constante a las personas fácilmente manipulables, pero de cara a la galería es querido y apreciado. Quizá incluso lo veas rodeado de gente o que hablen maravillas de él. ¿Cómo es posible?

Para explicártelo, me gustaría acudir a una historia muy famosa de la literatura, *El famoso caso del Dr. Jekyll y Mr. Hyde*. En su época fue un fenómeno literario: los dos protagonistas son en realidad la misma persona. Jekyll es un científico que inventa una pócima que hace que se separe su lado amable y humano del perverso y despiadado, las dos personas opuestas que tiene en su interior. Esta historia nos ayuda a entender la mente de un narcisista porque funciona de la misma manera: se pone una máscara con la que aparenta ser agradable, honesto e incluso humilde, pero es todo pura fachada, ya que, cuando se confía, deja de fingir ser el personaje que ha creado y comienza a mostrar su verdadero yo: una persona exigente con los demás que requiere atención y afecto continuos, que necesita ser admirada y alabada, y que no dará espacio ni tiempo a las necesidades de otra persona.

Si lo has vivido, puede que te costara entender cómo esa persona, que de cara a la galería era tan espléndida, de puertas para dentro pudiera tener ese carácter tan poco empático e incongruente.

El sentido del derecho y la autoimportancia: «Los demás me deben respeto y admiración»

Cuando entras en la mente de un narcisista hay una idea, una creencia, que reina sobre todas las demás: «Merezco todos los derechos y todas las atenciones porque soy la persona más importante del mundo». Así lo vive, así lo siente y así se comporta. Esta idea de superioridad lo lleva a arrebatar los derechos de los que lo rodean para quedárselos.

Te desprecia, te humilla y se apropia de ellos. Cree que todo le corresponde por el mero hecho de respirar y vivir.

El *pitty play* o juego de la piedad: «Si le doy pena, me lo consentirá todo»

En la mente de un narcisista, el juego de la piedad funciona de la siguiente manera: «Como sé que la persona que tengo delante es empática, voy a darle pena para jugar con su empatía y comprensión. Así conseguiré no solo que me deje hacer lo que me dé la gana, sino que obtendré su compasión para manipularla a mis anchas». De esta forma, el narcisista va ganando terreno y puede obtener más de ti.

A tus ojos será la víctima de todo lo malo que le suceda —los demás lo tratan mal, le hacen daño, son malas personas—, y esto te despierta un sentimiento de protección, pena, culpa incluso por ser la única persona que puede salvarlo. Así logra controlarte: juega a ser la víctima, pero en realidad la víctima eres tú.

Future faking o futuro fingido: «Si le prometo que cambiaré, tendré más tiempo para manipularla»

El *future faking* es otra estrategia para hacerte creer que va a cambiar, que va a cumplir tus deseos: casarte, tener hijos, una vida idílica... Se inventa el futuro, te hace promesas que no llegarán, y así te retienen más tiempo y sigue manteniendo el vínculo. Consigue tiempo de relación para seguir aprovechándose de ti.

* * *

> No puedes elegirme porque nunca fui una opción.
>
> Bebi Fernández

Una vez que hemos visto cómo es la mente de un narcisista —cómo piensa, qué le mueve a actuar y cómo actúa—, nos centraremos en las categorías que hay, los tipos que existen según su conducta y comportamiento. Dependiendo de cómo se relacionen, serán de un tipo u otro. Recuerda que estas etiquetas son orientativas, solo pretenden que entiendas este trastorno de la personalidad.

5

Categorías de narcisistas

Hay varios estudios y artículos que clasifican a los narcisistas según sus rasgos o patrones de comportamiento. A continuación te expongo los tipos que conozco hasta la fecha.

El narcisista extrovertido e introvertido

Grosso modo, podemos decir que los narcisistas se incluyen en alguna de estas dos categorías:

1. **Narcisismo extrovertido.** Busca la admiración de forma exacerbada exaltando sus logros y talentos. Suele ser la típica persona que domina todas las conversaciones y siempre da su opinión, aunque nadie se la pida, incluso se toma la licencia de aconsejar como si fuera el más sabio del mundo. Protagoniza todas las historias que relata y no deja espacio para que brillen los demás. Es muy sociable, abierto, adulador, grandilocuente y sabe meterse a todo el mundo en el bolsillo. Siempre tiene las mejores anécdotas, se lleva bien con mucha gente y su círculo de amigos es grande.

2. **Narcisismo introvertido.** Cuesta identificarlo, ya que pasa desapercibido, incluso te hará creer que es vulnerable. Es un perfil bajo que no llama la atención: parece sensible, funciona mejor a corta distancia y es muy difícil detectarlo. En la intimidad, muestra su verdadera faceta de manipulador, en la que te desprecia, te infravalora, te hace sentir insignificante... Por eso, cuando te planteas contarlo, te cuesta; eres consciente de que la gente no te va a entender.

A partir de aquí podemos hablar de muchos tipos de narcisistas, pero todos entran dentro de estas dos categorías. Es decir, existen narcisistas psicopáticos introvertidos, dependientes extrovertidos, etc. Estos dos grupos definen, a gran escala, su rasgo distintivo, y luego podemos hacer otras distinciones: psicopático, dependiente, falsamente poderoso, fantasioso, mártir, salvador, amante, furioso, corporal y embaucador.

De todos estos tipos se podría decir que, aunque todos son narcisistas, el nombre por el que se les etiqueta es su rasgo principal a la hora de relacionarse.

La hidra de nueve cabezas

Hay muchos artículos que hablan de los tipos de narcisismo. La clasificación que leerás en este apartado se basa en el que escribió el doctor Bruce Stevens, «La hidra de nueve cabezas», que hace referencia a la hidra de Lerna. En él clasifica a los narcisistas en nueve tipos, según su rasgo predominante:

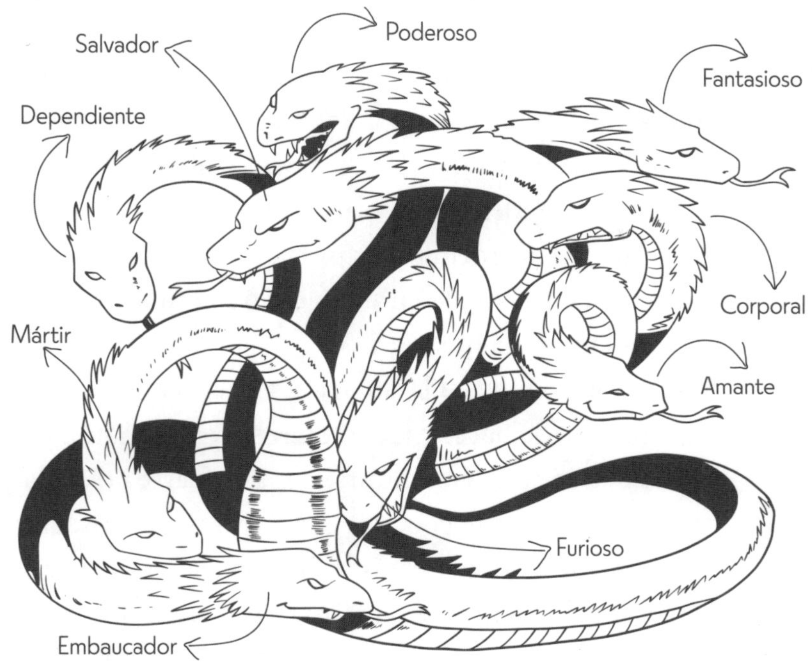

1. **Dependiente.** Tiene la imperiosa necesidad de conseguir la validación del entorno, en concreto de las personas con las que mantiene una relación: familiares cercanos, pareja, amistades estrechas. Les muestra su parte vulnerable, pero al mismo tiempo no se deja ayudar. Solo necesita suplir esa carencia de amor, y lo hace a través de los que lo rodean. No está conforme consigo mismo y siente un vacío profundo que intenta llenar a toda costa.
2. **Poderoso.** Se centra en mostrar su poder y, de esa forma, hacer que sucumban los demás. En realidad, siente que vale poco, y por eso trata de aparentar que es justo lo contrario. Piensa que la manera de someter al resto

es pisándole la cabeza, y finge tener ese poder para infravalorar y menospreciar a los que lo rodean.

3. **Fantasioso.** Vive en un mundo de fantasía y grandilocuencia que se ha creado en el que es el protagonista, y todo gira en torno a él. Ese mundo ficticio le ayuda a mantener la idea de superioridad, llevándolo incluso a mentir de forma compulsiva para sostener la mentira que ha creado en su mente o a comportarse de manera incongruente.
4. **Mártir.** Para controlar la situación y a las personas de su entorno, puede hacer todo lo que esté en su mano, y si para ello tiene que victimizarse y martirizarse no dudará en hacerlo. De hecho, usa esta carta para conseguir lo que desea: que los demás le bailen el agua y le vayan detrás. Este perfil se inventa que lo hace todo por el bien de los demás para, de esta forma, aparentar que es la persona más buena sobre la faz de la Tierra, cuando en realidad lo hace por puro interés.
5. **Salvador.** Se concibe como un mesías, como una persona que ha venido al mundo a salvar al resto de los mortales de sus pecados. Se sabe capaz de ayudar y educar a los demás para que acojan el buen camino (adorarle).
6. **Amante.** Se enfoca en las relaciones de pareja: genera expectativas poco razonables sobre lo que debería ser una relación, en este caso, prácticamente inalcanzable. Su *modus operandi* es idealizar el vínculo amoroso y exigir siempre a su pareja que cuide la relación de forma ridícula y enfermiza. Le pide que le dé prioridad por encima de todo, y la persona que lo sufre colapsa, ya que es imposible de alcanzar. Al final se genera un

vínculo destructivo con una falsa esperanza de amor que conduce al sufrimiento de la pareja y su posible ruptura.

7. **Furioso.** Sabemos que el enfado es una emoción muy potente. ¿Qué pasa si se utiliza para recuperar el control? ¿Y si encima esa persona es de los que, a la mínima, estallan con furia? Este narcisista obtiene lo que quiere de los demás a través del enfado, y se vale de esta emoción para manipular a su entorno y conseguir que la gente le tenga miedo.
8. **Corporal.** Explota al máximo su físico porque sabe que es un arma a su favor. Lo utilizará para manipular y subyugar a su entorno a través de su belleza para obtener lo que desea de forma egoísta. Se somete a tratamientos corporales, estéticos y hace mucho deporte para ser cada vez más llamativo y cumplir con los cánones de belleza sociales, lo que le permitirá obtener poder, estatus, dinero, relaciones influyentes…
9. **Embaucador.** Para mantenerse en su realidad grandilocuente, embauca a la gente de su entorno de manera que también ellos entren en ese mundo que ha creado. Por ello, los estafa y engaña haciéndoles creer que es real. En su realidad paralela, él tiene estatus y poder, es manipulador por excelencia, y sabe qué decir y cómo hacerlo para que todo el mundo caiga en sus redes.

Recuerda que esto es solo una teoría más que quizá pueda ayudarte a comprender determinados comportamientos o a determinadas personas, pero no podemos usarlo para poner una etiqueta diagnóstica a alguien.

El narcisista psicopático

Cuando hablamos de psicópata narcisista, solemos imaginarnos a un asesino en serie. En realidad, son perfiles integrados en la sociedad, personas que se relacionan y que conviven con gente como tú y como yo. No deseo que te cruces con ningún perfil narcisista, pero si hay uno que bajo ningún concepto deseo que te encuentres es este.

Lo que lo diferencia de los demás narcisistas es que a este le importa un pimiento tu dolor. Es capaz de verte destrozada llorando y rogando, y no mover un dedo. El narcisista psicopático experimenta placer con tu sufrimiento. Carente de empatía, cuando se le cae la careta se muestra frío como un témpano, e incluso podrás ver un esbozo de placer en su rostro cuanto más sufras. Por ello me parece una persona muy peligrosa. Busca tu dolor a propósito para sentir algo, así que te atacará donde sabe que te duele para experimentar placer y llenar el vacío que siente.

El narcisista psicopático es frío, mentalmente ágil, inteligente, calculador, estratega, carente de empatía y disfruta provocando dolor (sádico). Su víctima perfecta es empática porque sabe que son las personas que más aguantan cualquier maltrato. Es cruel y despiadado.

Vivir una relación del tipo que sea con un narcisista psicopático es como estar con un vampiro: sacará de ti todo lo que pueda —tu energía, tu buena voluntad— y te hará vivir en la confusión, sentirte insignificante y creer que no le sirves, que no estás a la altura. Se nutre de tu vulnerabilidad, de tu bondad, y hasta que no te haya sacado hasta la última gota de sangre no parará. Desatará el caos y el dolor en tu vida porque solo así puede estar bien. El narcisista se siente cómodo en el conflicto, disfruta del dolor, del sufrimiento, así que lo mejor que puedes hacer si te encuentras con este perfil es salir corriendo lo más rápido que puedas. Vincularte con personas de este tipo solo te traerá sufrimiento y problemas.

Dos figuras centrales para el narcisista

La manipulación perversa del narcisista puede implicar elementos externos que facilitan el proceso: el chivo expiatorio y los monos voladores. El primero es la víctima de todo narcisista, el supuestamente culpable y causante de todos sus males. El segundo son las personas que secundan todas sus ideas y manipulaciones, que lo ensalzan e idolatran. Sin estas dos piezas del puzle, es difícil que sus manipulaciones y juegos mentales lleguen a término.

Chivo expiatorio

Es el nombre que recibe la persona a la que se le quiere hacer culpable de algo sin importar si lo es o no. Al narcisista le encanta utilizar a su víctima como chivo expiatorio dentro del grupo. Por ejemplo, en la familia, la madre o el padre narcisista elegirá a alguien de su núcleo familiar y lo culpará de todo lo malo que ocurra; así encontrará aliados que lo apoyen. En el grupo de amigas pasará más de lo mismo, ya que la narcisista encontrará un chivo expiatorio al que culpar de todo lo negativo y desagradable que pase: si no salen los planes, será culpa del chivo; si hay malos rollos, también. En el trabajo se sigue el mismo patrón: el jefe narcisista culpará a un trabajador de todo lo que suceda, conseguirá que todo el mundo piense mal de él o ella, y así conseguirá aliados para sus manipulaciones más retorcidas.

Monos voladores

Este término proviene de la película *El mago de Oz*, en la cual la Bruja Mala del Oeste no ataca directamente a Dorothy y su pandilla, sino que manda a unos monos voladores para que hagan el trabajo sucio por ella.

En este sentido, los monos voladores son quienes apoyan y secundan al narcisista para, si es necesario, atacar a su víctima. Son personas indiferentes al sufrimiento del afectado por el maltrato, ya que solo quieren agradar al narcisista. Su rol es el de validarlo y secundarlo todo el tiempo, bailándole el agua y ejecutando todo lo que les ordena.

Las agresiones pueden ser directas, como intimidar a la víctima o reírle las gracias y los abusos al narcisista; o indirectas, como criticar o hacer el vacío a la persona maltratada. Su *modus operandi* es apoyar sin condiciones a la persona que agrede: acoge su relato y desacredita el de la víctima, además de ocuparse del trabajo sucio que el narcisista no quiere hacer. Es posible que, al leer estas líneas, te venga alguien a la mente: ese colega incondicional que siempre se pone de parte de tu agresor, ese amigo fiel que nunca cree nada de lo que le cuentas o ese compañero de trabajo que se comporta como un perro fiel al narcisista.

Los motivos de su comportamiento son varios, pero los más frecuentes son:

- Necesitan la validación del narcisista (lo tienen en un pedestal).
- Creen tener la posibilidad de un ascenso social.
- No quieren convertirse en víctima del agresor, así que prefieren ponerse de su parte.

Gracias a estos dos perfiles, los narcisistas son capaces de manipular, pasar por encima de los demás, y hacer y deshacer a su antojo. Es injusto, lo sé. Por eso es importantísimo que sepas cómo se mueve el narcisista, cómo piensa, cómo es, cuáles son sus deseos ocultos, porque solo así podrás librarte de él.

* * *

Una vez que has comprendido cómo es la mente de un narcisista y cuáles son sus conductas, quizá hayas entendido algunos capítulos de tu vida. Encontrar una explicación a lo que nos ha pasado nos ayuda a procesar e integrar la información. A lo mejor has encontrado respuesta a alguno de tus porqués, pero si te parece insuficiente, en la siguiente parte verás cuáles son las técnicas de manipulación que más utilizan los narcisistas, para que entiendas de primera mano lo que viviste o vives, o eso a lo que aún te cuesta ponerle nombre.

Tercera parada

¿Me han manipulado? Mecanismos de manipulación y maltrato

Perdí la cuenta de las veces que me tropecé con la misma piedra.

Llegadas a este punto, una vez que he tratado de explicarte todo lo que sé sobre la personalidad narcisista, quiero decirte algo que quizá te choque o, a estas alturas del libro, no te sorprenda: no todo es narcisismo, es una etiqueta que engloba una serie de conductas que nos ayuda a categorizar y clasificar a personas que, al fin y al cabo, manipulan. Antes de ponerle la etiqueta de narcisista a quien probablemente te haya hecho daño, quiero que mires en tu interior y te preguntes: «¿Cómo me ha hecho sentir? ¿Acaso me merezco un trato de semejante calibre? ¿Estoy centrada en mí?».

Y es que siento decirte que nunca sabremos si la persona que te manipuló era narcisista o no. Podemos intuirlo, pero no saberlo a ciencia cierta. Pero de lo que estamos seguras, y con lo que nos tenemos que quedar, es con que te hizo daño, y eso es más que suficiente. Tanto las personas narcisistas como las que no lo son, pero te manipulan, se comportan de ese modo porque tienen una gran herida y porque es probable que hayan sido, a su vez, víctimas de algún tipo de abuso o negligencia.

En esta parada voy a explicarte las técnicas de manipulación más usadas por los perfiles narcisistas. A partir de diferentes historias que servirán como ejemplo para entenderlas, nos adentraremos en las estrategias más retorcidas que utilizan para conseguir de ti lo que desean. Espero que, en esta parte del viaje, profundices aún más en las conductas, que puedas ponerles nombre y que identificarlas te ayude a salir de una vez por todas de ese entresijo de malestar y confusión en el que acabaste o aún sigues.

El relato de Alba

Desde el primer momento se presentó como un caballero a lomos de un caballo blanco dispuesto a salvarme, mi príncipe azul. Mala suerte para él: me iba de erasmus.

Me dijo: «La vida es tan caprichosa que te ha puesto en mi camino justo cuando te vas. Si lo haces, no me amas ni quieres compartir la vida conmigo, una vida bonita... Quiero dártelo todo».

bombardeo amoroso

Pero me fui. Ya lo tenía todo atado, no había vuelta atrás. Estando allí, a los pocos días me llamó: «No logro olvidarte, voy a ir a verte, eres la mujer de mi vida». En veinticuatro horas ya tenía los vuelos para venir un mes más tarde.

Al principio se lo curraba. Tuvo la poca vergüenza de llevarme a París, montarme en un crucero y pedirme matrimonio a los TRES meses de relación. Me aisló de mi entorno. Todas mis amigas eran unas putas, y me acusaba de querer ir con ellas para guarrear, «Porque tú eres como ellas».

aislamiento

Harta de todo, un día me armé de valor, lo seguí y lo vi con una chica. Me temblaron las piernas y me fui de allí inmediatamente. En pleno shock, le escribí y le dije que le había visto. Me bloqueó al instante. Luego me llamó diciéndome que estaba loca, que solo era una amiga. Le dio la vuelta a la tortilla y terminé rogándole de rodillas que me perdonara por haberlo seguido. Fueron muchas veces las que lloré, las que le rogué, las que le pedí que no me dejara, y me desgasté poco a poco.

luz de gas

Qué doloroso fue tener que tropezarme tantas veces con la misma piedra para darme cuenta de que ahí no era. Una voz dentro de mí me decía que no podía seguir allí para siempre, que merecía más.

Me enfadé con mi madre, mi hermana y mi mejor amiga, y me quedé en un piso aislada con él. Me sentía juzgada por todo el mundo excepto por dos amigos que siempre me dieron mi tiempo, me respetaron y me apoyaron. Siempre les estaré agradecida.

Me prometí que nunca más volvería ahí. Necesitaba curarme las heridas y entender por qué había caído en una relación así. Tenía que descubrir qué necesitaba y qué quería en la vida. Lo único que tenía claro era lo que no quería. No te lo negaré: la salida fue dura. Me llamaba a todas horas rogándome que volviera. Cuando me mantenía en mis trece y le decía que ni loca volvería con él, salía la bestia, y me amenazaba con hacer daño a mi familia y muchas cosas horribles que no llegaron a pasar. Menos mal que pude salir de ahí con la ayuda de amigas y familia. Ahora la vida me va bastante mejor, me dedico a lo que me gusta, a lo que me hace feliz. Esa experiencia me enseñó lo que no quiero, pero me costó mucho procesarla.

hoovering

chantaje emocional

Quizá esta historia te resulte familiar, tal vez hayas reconocido ciertos patrones de una pareja anterior, que quien intentó controlarte fuera tu madre o tu padre, una hermana, tu jefa o un amigo. En esta historia nos podemos ver reflejadas muchas, en multitud de ocasiones y con diferentes personas. Lo que todas tenemos en común es que lo hemos pasado mal y en algún momento nos hemos preguntado «¿Por qué?» o nos hemos planteado «¿Seré yo?». Y es que estas son las secuelas de la manipulación y el maltrato, heridas invisibles que penetran en lo más profundo de nuestro ser, dejando consecuencias que duelen al mencionarlas.

En esta parada quiero que aprendas todas las técnicas de manipulación habidas y por haber para que, si en algún momento las experimentas, sepas reconocerlas y ponerles nombre. Ahora que me dispongo a contártelas pienso: «¡Ojalá alguien me las hubiera explicado hace un tiempo!». Espero que esta parte te dé toda la información que necesitas para que, de corazón, no vuelva a pasarte nada igual.

6

Manipulación narcisista

> Te digo adiós, aunque te sigo queriendo, aunque me duela, te digo adiós porque me elijo primera.

Hoy existen muchísimas definiciones del término «manipulación». En este libro quiero hablarte de la psicológica, aquella que impone la voluntad del manipulador sobre la de la persona manipulada con el fin de conseguir lo que quiere de ella. Es decir, la manipulación es el conjunto de acciones en las que intervienes en el criterio de alguien para imponer el tuyo por encima del suyo. La manipulación se basa en el uso intencional de técnicas para influir, imponer o embaucar a las personas del entorno, pero no siempre tiene que ser con mala intención.

Existen muchas maneras de conseguir que alguien haga lo que desea el manipulador, pero en este capítulo me voy a centrar en las más retorcidas, en aquellas que atentan contra la voluntad de las personas y les provocan algún daño o malestar. Cuando alguien manipula adrede (obviando la manipulación positiva, que busca obtener un beneficio para la persona manipulada), su fin es sacar tajada de la vulnerabilidad de la víctima.

Manipular psicológica y emocionalmente es, a su vez, no tener en cuenta las necesidades del otro porque las únicas que interesan son las propias, es aprovecharse de esa persona aun sabiendo que le harás daño. En el proceso de manipulación se destruye la autoestima del otro, que es muy probable que no tenga culpa de nada. Cuando se usa esta técnica, se tocan heridas, se deteriora la salud emocional de la persona, se la responsabiliza de muchas cosas que no le corresponden y todo para que haga o diga lo que desea el manipulador de forma egoísta.

Señales de que eres una persona a la que han manipulado

El gran problema de la manipulación es que muchas veces nos cuesta detectarla, así que voy a contarte los posibles efectos secundarios, para que, en caso de haberla vivido, y si te está pasando algo de esto, lo identifiques y pidas ayuda.

A continuación te presento un cuestionario en el que puedes contestar sí o no a las preguntas.

1. Te pones a la defensiva con facilidad. SÍ / NO
2. Desconfías de las personas de tu entorno. SÍ / NO
3. Te culpabilizas por todo. SÍ / NO
4. Evitas ciertas situaciones por miedo a las represalias. SÍ / NO
5. Tienes la autoestima dañada. SÍ / NO

6. Sientes vergüenza a menudo. SÍ / NO
7. Anticipas situaciones de forma catastrófica. SÍ / NO
8. Vives en alerta constante. SÍ / NO
9. Muestras síntomas de estrés. SÍ / NO
10. Sueles ser sumisa. SÍ / NO
11. Anticipas el enfado de la gente y pides perdón por todo. SÍ / NO
12. Sientes que tienes que ocultar información porque sabes que lo que estás viviendo no es normal. SÍ / NO
13. Cargas con mucho más de lo que te corresponde. SÍ / NO
14. Sientes agotamiento físico y mental. SÍ / NO
15. Crees que la situación te supera. SÍ / NO
16. Tienes sentimientos de desesperanza. SÍ / NO
17. Sientes que te hacen dudar de tu realidad. SÍ / NO
18. No te sientes segura en el vínculo. SÍ / NO
19. Has perdido el sentido de la vida. SÍ / NO
20. Piensas que no querrás a nadie de la misma manera. SÍ / NO

Si tienes diez o más síes, es muy posible que hayas sido víctima de manipulación.

¿Todas las personas manipulan?

Todo el mundo, en mayor o menor medida, manipula. Es un hecho. Seguramente hayas manipulado en algún momento de tu vida. No pasa nada, yo también. Manipulamos para obtener lo que queremos de los demás, para llevárnoslos a nuestro terreno. Y lo hacemos porque muchas veces pensamos que es lo mejor para el otro: lo hacemos por su bien. Las personas narcisistas también manipulan, solo que este perfil lo hace con un propósito más oscuro, quizá para hacer daño, quizá para obtener un beneficio de forma egoísta. Hay personas que no son narcisistas que manipulan a su vez porque quieren conseguir un fin, y les da igual hacer daño a la gente de su entorno.

Soy consciente de que, en ocasiones, manipulamos sin darnos cuenta, sin mala intención, sin ganas de hacer daño, pero tanto si eres el manipulador como la víctima, tenéis algo en común: la urgencia de cambiar esa conducta y situación. La manipulación positiva trata de conseguir un fin bueno para la persona a la que se le aplica, pero usando técnicas manipulativas. Lo óptimo sería encontrar estrategias y alternativas en las que no hiciera falta usar la manipulación. En cualquier caso, la diferencia está en la intencionalidad: ¿manipulas por el bien de esa persona o por un fin egoísta?

Antes de empezar a hablarte de las técnicas que conozco, es imprescindible que sepas que muchas de ellas son, a su vez, de maltrato. A veces nos es más fácil decir que estamos en una relación manipuladora que hablar de maltrato, pero ten en cuenta que en ocasiones van de la mano. Si estás viviendo todo esto, es importante que actúes: irá a peor.

A continuación voy a contarte cuáles son las conductas que se dan con mayor frecuencia en los perfiles manipuladores con el fin de que te sea más fácil detectarlos.

¿Cuáles son las conductas más frecuentes de las personas manipuladoras?

Existen ciertos rasgos que nos dan a entender si alguien es manipulador. El problema es que es difícil de detectar porque no sabes hasta qué punto lo que dice quien te manipula es verdad o no. Observa las conductas que suelen tener las personas manipuladoras, por si te ayuda a identificarlas:

1. **Eterna víctima.** Es víctima de todo lo que le sucede, con la intención de darte pena y no hacerse cargo de sus errores.
2. **No es responsable de nada.** Como no se responsabiliza de lo que sucede, no tiene que cambiar. Así no se compromete con nadie a mejorar su conducta.
3. **Culpabiliza a su entorno.** «El problema no soy yo, son los demás»: tiene una visión sesgada del mundo. Como el problema es de los demás, critica a su entorno.
4. **Critica y desvaloriza las actitudes de los demás.** Como no se hace cargo de lo suyo, siempre pone el foco fuera, en quienes lo rodean, lo cual provoca que tenga una visión negativa y catastrofista del resto.
5. **Responde de forma confusa.** Una de las características más frecuentes es que juega al despiste y la confusión.
6. **No es transparente.** Tiene intenciones ocultas que no te hará saber.
7. **Es egoísta.** Solo es capaz de pensar en ella, no hay nadie más importante ni que necesite cubrir sus necesidades y no puede conectar con tu dolor. Solo tienen ojos para su ombligo.

8. **Egocéntrica.** Al hilo de la característica anterior, siente que es el centro del universo, que todo gira en torno a ella.
9. **Estratega.** Sabe cómo moverse, desenvolverse y jugar sus cartas. Se relaciona a través de la estrategia y sabe con quién hablar para conseguir sus objetivos.
10. **No soporta la crítica.** No aguanta que alguien le diga que lo está haciendo mal. Según su visión, es perfecta, así que no tolera que alguien le critique.
11. **Miente.** Como verás en el próximo bloque, la mentira es una de las armas más letales que utiliza para manipular.

A continuación te presento las técnicas de manipulación más frecuentes y perversas. Al principio me centraré en las amorosas, pero incluyo también manipulaciones en otros vínculos y ámbitos. Ojalá leer estas líneas te abra los ojos, si lo necesitas.

Técnicas de manipulación

Breve recordatorio: eres suficiente.

Todas las técnicas detalladas en este apartado suelen usarlas personas con trastorno narcisista, pero también pueden utilizarlas personas que no son narcisistas.

Ten cuidado con quienes intenten obtener beneficio de ti a través de ellas, ya que son muy peligrosas y, a veces, difíciles de detectar.

La pregunta del millón: ¿la gente que manipula es consciente de que lo hace? Ante este tipo de dudas, contesto: la intención es la clave de la respuesta.

Bombardeo de amor o *lovebombing*

—Nadie te querrá como yo.

—Ojalá sea así.

El relato de Rocío

bombardeo de amor

Parecía perfecta. Curiosamente, tenía todo lo que yo siempre había buscado en una mujer: era cariñosa, sincera, entregada, detallista... Me prometió una vida de ensueño, me llevaba a comer a buenos sitios, me mandaba flores (aunque nunca me han gustado), me escribía a todas horas. Yo era el centro de su universo, y me hizo sentir querida como nunca. Sus brazos eran mi paz, me prometía a diario que lo daría todo por mí. Me dijo que nunca había sentido nada igual, que era su alma gemela.

almagemelización

Se encargó de engancharme bien antes de que llegara el infierno que sufrí después. Creía que había encontrado al amor de mi vida, sin saber que estaba entrando de lleno en la relación más tormentosa que he vivido hasta la fecha. La persona con la que había construido un futuro perfecto en mi cabeza me destrozó la vida. Cuánto daño me hizo...

¿Cómo puedo saber si me están haciendo o me han hecho *lovebombing*?

Contesta sí o no a cada una de estas preguntas para saber si alguna vez has sido víctima de esta técnica:

1. ¿Has conocido a alguien que a los dos minutos te lo está dando todo? Wasaps a todas horas, abrirte las puertas de su casa… SÍ / NO
2. ¿Has tenido alguna relación en la que tu pareja te haya dicho «Te quiero» al poco de conoceros? SÍ / NO
3. ¿Has estado en algún vínculo en el que, al poco de conoceros, te haya dicho que nunca había sentido nada igual por nadie? SÍ / NO
4. ¿Has conocido a alguien que, al poco de conoceros, te haya dicho que eres su mejor amiga o que haya hecho comentarios sobre ti en otros círculos como si fuerais íntimas? SÍ / NO
5. ¿Has conocido a alguien que, nada más comenzar a salir, solo quisiera estar contigo, como si estuviese obsesionado? SÍ / NO
6. ¿Has estado con alguien que, al conocerte, quisiera presentarte a su familia o que él conociera a la tuya? SÍ / NO
7. Al poco de conocer a alguien, ¿esa persona se quiso ir a vivir contigo o alquilar algo juntos, como si llevarais tiempo saliendo? SÍ / NO
8. Al poco de conoceros, ¿hablaba ya de planes de futuro, como casaros o tener hijos? SÍ / NO

9. ¿Se pasa el tiempo diciéndote lo guapa que eres y haciéndote cumplidos de forma exagerada? SÍ / NO
10. ¿Te hace regalos de forma efusiva? Flores, cartas, bombones… SÍ / NO
11. Al poco de conocer a alguien, ¿te ha propuesto planes grandes, como un viaje muy lejos? SÍ / NO
12. Nada más conocer a una persona, ¿se muestra excesivamente cariñosa? SÍ / NO

Si has rodeado seis o más síes, o las preguntas te resonaban mucho con situaciones que has vivido alguna vez, es posible que te hayan hecho *lovebombing*.

Este término significa «bombardeo de amor». Como su nombre indica, pretende demostrarte amor a toda costa. Te llamará la atención porque, desde el minuto uno, todo es a lo grande: te manda mensajes a todas horas; siempre te adula; te hace sentir única, especial, que eres el amor de su vida, que jamás había sentido nada igual…; y tú te lo crees porque, claro, de primeras suena convincente, sin tener ni idea de las intenciones que hay detrás de todo esto. Se ve sobre todo en relaciones románticas, pero también en otros vínculos a través de la adulación excesiva, como te explicaré en el siguiente apartado.

El objetivo de esta técnica de manipulación es ganarse la confianza de la persona a la que se le aplica para que baje la guardia y que, cuando llegue el control, el aislamiento o la ley de hielo, se quede en la relación. En ocasiones, la gente se pregunta: «Pero si está en una relación de maltrato o manipulación, ¿por qué no se larga?». Bueno, es que no es tan fácil como parece. Si te han hecho técnicas como esta, sabrás que te quedas atrapada en una espiral de ilusión de cambio, te aferras a esa fase como un clavo ardiendo con la esperanza de que la persona cambie, que vuelva a ser como era y que la relación vuelva a ser como antes. Pero siento decirte que es muy difícil que eso pase. A menudo nos cuesta creer que una persona haya podido cambiar tanto. Esto se debe a que la que parecía ser al principio no era realmente él o ella. Es duro darse cuenta, pero créeme que es peor quedarte en una relación en la que te están haciendo daño, y más duro aún tratar de cambiar a la persona para que vuelva a ser como al principio.

Quiero dejar claro que existen muchas razones por las que alguien cambia su actitud: puede que haya perdido el interés, que haya conocido a otra persona, que no le gustes como pensaba... Hablamos de *lovebombing* cuando su objetivo es manipularte. Puede que lo haga a propósito o sin querer, pero lo importante aquí eres tú y cómo te hace sentir. Si te ha hecho daño, es más que suficiente.

En este tipo de manipulación podemos ver que la relación es:

1. **Adictiva**, como una droga: sientes que necesitas más de ese falso amor que te ha dado, como si dependieras de él para vivir.
2. **Asimétrica:** no es igualitaria ni equitativa, una persona tiene más poder que la otra y, además, lo utiliza para hacer más vulnerable a su víctima.
3. **Insatisfactoria:** ya no experimentas el placer que sentías al principio de la relación. Es como si quisieras beber

de una botella a la que no le queda agua: tu cerebro te dice que tiene sed, pero a tu boca no le llega nada.

Las tres fases del *lovebombing*

1. **Idealización.** Bombardeo de amor como tal, en la que todo es idílico. Has encontrado a tu media naranja y te hace creer que estáis hechos el uno para el otro, como si de un cuento de Disney se tratara. Estás todo el día en una nube, sientes una conexión muy fuerte, y piensas: «Qué suerte haber conocido a esta persona», «Qué bien que me esté pasando esto a mí» o tal vez ni te lo creas de lo bueno que es.
2. **Desaprobación y castigo.** La persona que te manipula muestra su verdadera cara. Cuando te alejas de lo que se espera de ti, todo ese amor y cariño desaparecen, y entran en escena la desaprobación y el control: a la persona que manipula no le parece bien que hagas determinadas cosas, como salir con tus amigos, y entonces comienzan los reproches, el amor con condiciones. Y tú, claro, acabas un poco descolocada porque tu cerebro no procesa esa contradicción. En este momento es fácil escuchar frases como: «Te lo he dado todo y tú me lo pagas así» o «No eres capaz de ver nada. Yo desviviéndome por ti y tú, a cambio, me haces esto». Es posible que empieces a dejar de hacer lo que solías, como planes fuera de la pareja, dedicarte a tus *hobbies*…
3. **Agotamiento.** Llega un punto en el que te agota que el manipulador te exija todo el tiempo y te haya quitado

tus libertades. En modo desesperación, le pides un trato mejor con la esperanza de que pueda cambiar, quizá le des un ultimátum. A lo mejor llegas a ver un halo de cambio, una señal que te haga pensar que volverá a ser el que era en la fase inicial, la del bombardeo de amor, pero, de nuevo, te das cuenta de que no es así. Seguramente en esa fase sientas desesperación, sobre todo porque el manipulador hace que mantengas la ilusión con frases como: «Todo volverá a ser como antes» o «Te prometo que todo va a cambiar». Y así es muy difícil que te vayas, lo entiendo. En la cuarta parada te contaré algunas cosas que puedes hacer si estás en una relación de este tipo. Espero que te sirvan.

Para que sea manipulación y bombardeo de amor tienen que darse estas tres fases. Puede haber otros motivos, como que la persona haya perdido el interés, ya no le gustes como antes o se haya fijado en otra persona. Si es bombardeo de amor deben darse las tres: que en la primera te enganche y en las dos siguientes te manipule o te haga daño. Al bombardearte o halagarte se gana tu confianza para después dominarte sin que te des cuenta.

Almagemelización

No puedo hablarte de la almagemelización sin relacionarla con el *lovebombing*. Este término lo escuché por primera vez de boca del doctor experto en psicopatía Iñaki Piñuel. Aunque ambas técnicas están muy relacionadas, no son lo mismo.

Tal y como puedes deducir, consiste en que la persona que intenta manipularte te hace creer que sois almas gemelas de una forma bastante maquiavélica. Primero estudia meticulosamente tu manera de ser, tus gustos, cómo piensas y vives, y luego lo replica y te lo muestra. Además, lo verbaliza con frases del tipo: «¡Ostras, parecemos almas gemelas!» o «¿Cómo es posible que haya tenido la suerte de encontrar a mi media naranja?». Tú, en vez de salir huyendo, te quedas, y encima te parece mágico. No es culpa tuya: los mitos del amor romántico y las películas de Disney nos han hecho creer que es así, que existe la media naranja. Y claro, quizá te ha pillado en un momento vulnerable y, sin querer, has caído en la trampa. Cuidado, esta técnica de manipulación es supercomún en personas con rasgos psicopáticos y narcisistas, y es muy fácil que no te des cuenta si no tienes la información necesaria.

¿Cómo puedo saber si me están haciendo o me han hecho almagemelización?

En las primeras citas, notas que esa persona te escucha atentamente y te devuelve toda la información que le has estado dando durante los primeros encuentros. Además, te envuelve y genera una conexión brutal en la que sientes que solo él o ella te entiende, comprende o comparte tu dolor. Piensas: «¿Cómo es posible que hayamos conectado de esta forma?». Por supuesto, caes en la trampa, pues lo que está haciendo es conectar con tus heridas emocionales. La almagemelización es como un bálsamo para la sensación de abandono, rechazo y traición que has tenido.

Según el doctor Piñuel, existen siete movimientos estratégicos que se emplean para manipular de este modo:

1. **Idealización:** «Nunca he conocido a nadie así».

   Esta persona capta completamente tu atención, sientes que te absorbe. Es un genio a la hora de crear conexiones ficticias y sientes que cada vez estás más absorta en pensamientos referentes a él o ella. Ves que te vuelves adicta a hablar con esa persona, a recibir sus mensajes, a planear un futuro juntos. Te sientes en una realidad paralela que solo conocéis vosotros dos.
2. **Mimetización:** «Tenemos tantas cosas en común…».

   Nunca habías sentido a nadie tan cerca, con tanta empatía y sensibilidad, con tanto en común. Como se suele decir, «separados al nacer». Te hace creer que eres la persona perfecta para él o ella, y sientes que es la que siempre habías soñado.
3. **Ideal compartido:** «Compartimos los mismos sueños».

   Te ha escuchado con atención y sabrá qué decirte y cómo hacerlo para que creas que compartís sueños. Seguramente hayas soñado con hacer algo en tu vida: conseguir un trabajo concreto, formar una familia, viajar… Y resulta que esa persona tiene casi los mismos sueños que tú. Pero nada es casual, es fruto del estudio meticuloso que ha hecho para que esto sea así.
4. **Disminución de tus defensas:** «Tenemos la misma herida».

   Te ha hecho creer que no solo compartís sueños, sino también dolor, y eso será lo que te enganche. Te hará creer que nadie como él o ella entiende el dolor por el que has pasado o estás pasando (mejor, así eres más vulnerable), y así crea esa atmosfera en la que estáis en una simbiosis que nadie más entenderá. No sé si te resuena de haber conocido a alguien y que tuviera una historia de dolor parecida a la tuya, o con similitudes, y entonces conectas con su vulnerabilidad, crees que él conecta con la tuya. En ese momento sientes que nadie mejor que él entenderá por lo que estás pasando, incluso puede parecer que bese tus heridas. Créeme que nada es como parece. Con esto consigue que bajes tus defensas y conocer hasta el último de tus puntos débiles.

5. **Adulación:** «Eres la persona más maravillosa y perfecta que he conocido en mi vida».

   Como te he contado, la adulación es la manera exagerada de piropear a alguien. En la almagemelización también se da. Nada más conocerte, te dirá que eres la persona de sus sueños, como si de una novela turca se tratara. Solo tiene palabras bonitas para ti, y esto, evidentemente, es bastante adictivo.

6. **Fascinación:** «En mi vida he conocido a nadie como tú».

   Con esta frase, que muchas veces cubre carencias, te sientes única, especial, que no existe nadie más que tú en su vida. Es un anzuelo muy fácil de picar, también por el anhelo de sentirte especial e importante para alguien. Si te lo dice de primeras, es una bandera roja en toda regla. Por muchas ganas que tengas de creértelo, en serio, es imposible que en tan poco tiempo sea tan elocuente.

7. **Broche de oro:** «Tú y yo somos almas gemelas».

   Llegados a este punto, el enganche que ha producido en ti es tal que sientes que estáis hechos el uno para el otro, que ni en cien vidas encontrarás a alguien como esa persona. Eres completamente dependiente, te encanta todo lo que hace, te sientes adicta, como si de una droga se tratara. Todo se resume en querer estar con él y compartirlo todo: vida, planes, sueños, inquietudes, dolor, todo. En este momento crees que existe la persona perfecta para ti **y la has encontrado**. Enhorabuena, comienza tu infierno.

La almagemelización es un bombón relleno de veneno. Tiene una pinta increíble, pero, cuando te lo comas, te hará daño, sentirás dolor, y pensarás: «Ojalá nunca me lo hubiera metido en la boca». Es desagradable darse cuenta de que estás pillada por alguien que te ha usado, te ha utilizado; no puedes creer que lo que has vivido haya sido mentira. El amor que te había prometido se ha quedado en nada, pero créeme: de ahí se sale.

El famoso refuerzo intermitente

El relato de Andrea

La relación con mi madre siempre fue así: un día era la hija perfecta y al siguiente, lo peor, nunca sabía por dónde iba a salir. Me dolía como si llevara un puñal ardiendo en el corazón. Siempre necesité su amor, su aprobación. Recuerdo que muchas veces hacía las cosas para que me valorara: cada vez que me felicitaba por algo me hacía sentir tan especial... No me extraña que luego acabara en tantas relaciones de este tipo: buscaba la apro-

clara definición del refuerzo intermitente

bación de todo el mundo. También te digo que alejarte de tu madre es de las cosas más difíciles que alguien puede hacer en su vida, pero no podía seguir a su lado. Cada desaprobación me dolía. Todavía me acuerdo de ella y la echo de menos, no te voy a mentir, pero prefiero estar lejos y echarla de menos que estar a su lado y vivir el caos en el que me metía.

Sería raro que a estas alturas no hubieras oído hablar del famosísimo refuerzo intermitente, ya que está por todas partes. Es un concepto psicológico que lleva años estudiándose. El problema es que hay mucha gente que lo conoce y lo utiliza como técnica de manipulación.

Skinner, uno de los padres de la psicología, en un experimento en el que enseñaban a las ratas a mover una palanca para obtener comida, decidió probar a dársela de manera aleatoria, es decir, cuando las ratas movían la palanca, unas veces obtenían comida y otras no. A pesar de que la intención era que dejaran de moverla y que buscaran comida de otra manera, ocurrió justo lo contrario: se volvieron adictas y la movían de forma compulsiva.

Eso es justo lo que nos pasa con las relaciones de refuerzo intermitente: la persona unas veces está disponible y otras no. Unas veces nos hace caso y otras no. Unas veces nos dice que nos quiere y otras no. Unas veces tiene tiempo y otras no. La sensación que sientes cuando no sabes cuándo obtendrás el premio hace que te vuelvas adicta a la relación.

¿Cómo puedo saber si me están haciendo o me han hecho refuerzo intermitente?

1. **Recibes elogios intermitentes.** Unas veces te dice que te quiere mucho, pero otras no te dice nada, aunque se lo pidas. En ocasiones te dice lo bien que lo has hecho, pero en otras no dice nada, aunque te esfuerces para que te lo diga.
2. **La respuesta a tus acciones es cambiante.** A pesar de que tengas la misma conducta o el mismo comportamiento, su respuesta unas veces es buena y otras no.
3. **Sensación de incertidumbre.** Cuando estás con esa persona, nunca sabes por dónde saldrá ni qué pasará. Es impredecible, un día se levanta con buen pie y otro no.

En las relaciones de pareja, descarta que la persona haya perdido el interés, la relación se haya desinflado o le hayas dejado de gustar. Contando con eso, esta manera de ver el refuerzo intermitente es una manipulación, ya que quiere tenerte ahí para cuando le plazca.

Dentro del refuerzo intermitente existe un concepto que se ha puesto de moda hace poco como consecuencia de la llegada de las redes sociales: el ***breadcumbing***. Este vocablo inglés significa «dejar migajas de pan», migajas emocionales, en términos psicológicos. Viene a decir que la persona parece mostrar interés por ti, pero a la hora de la verdad no le interesas tanto. Como puedes ver, es una especie de refuerzo intermitente, y muchas veces se utiliza como herramienta para manipular.

Voy a ponerte un ejemplo: imagina que conoces a alguien por las redes y empezáis a hablar. Te cae bastante bien, se muestra interesado, parece que os gustáis. Te escribe casi a diario, te manda fotos, te da los buenos días y las buenas noches, reacciona a tus historias, y un día te envalentonas y le preguntas si quiere quedar, a lo que te contesta que en ese momento no puede, que tiene mucho lío, que quizá más adelante. Pero sigue hablando contigo, te escribe... Entonces, empiezas a notar que cada vez te gusta más, que esa imposibilidad por veros hace que te obsesiones, y entras en una espiral de querer y no poder en la que por un lado sientes que quieres más, pero por otro la persona te da afecto limitado, y esto hace que te enganches a tope. De alguna forma, te mantiene ahí sin soltarte, para garantizarte que seguiréis teniendo una relación, pero sin implicarse.

Se pueden dar relaciones en las que te apliquen el *breadcrumbing* de forma física. En ellas ves que la persona no es clara con sus intenciones o que, por ejemplo, no está muy presente en tu vida, aunque sí en las redes o con otras personas. También te das cuenta de que tiene conductas incongruentes, y que casi siempre evita hablar de vuestra relación o de vuestros sentimientos.

El refuerzo intermitente es uno de los mecanismos que más enganchan a nivel psicológico. Las máquinas tragaperras utilizan este mismo procedimiento para volver adictas a las personas que juegan. Por tanto, es difícil salir de estas relaciones, ya que siempre esperarás la parte positiva. Pero no todo está perdido: en la cuarta parada te contaré lo que puedes hacer para salir lo mejor parada posible.

Luz de gas o *gaslighting*

La forma más eficaz de destruir a las personas es negar y borrar su propia comprensión de su historia.

George Orwell, *1984*

El relato de Lola

Vivíamos juntos. Por entonces ya manteníamos una relación bastante tormentosa. Me había ido unos días a casa de mis padres a desconectar, ya que llevábamos una mala racha. Cuando volví a casa, cuál fue mi sorpresa cuando me encontré dos copas de vino en la mesa, como si dos personas hubiesen estado bebiendo la noche anterior. Él había ido a trabajar, así que aproveché para llamar a mis amigas para que me vinieran a ayudar a llevarme mis cosas.

En ese momento llegó él, y, cuando le pregunté, me dijo que las había puesto ahí a posta para tener la excusa perfecta para dejarme. Quería hacerme creer que no había pasado nada, que lo había planeado para cortar la relación, pero yo sabía que había estado con alguien la noche anterior. Me lo negó siempre, pero sé lo que vi. No estaba loca, no era una exagerada. Estuvo con alguien e intentó hacerme creer que no fue así. Fue horrible.

Contesta a estas preguntas para saber si te están haciendo luz de gas.

1. En alguna situación, ¿te ha dado miedo decir lo que pensabas por si la otra persona te lo cuestionaba y has acabado callándote? SÍ / NO
2. ¿Has intentado expresar cómo te sentías, pero el otro te ha hecho sentir que te lo estabas inventando? SÍ / NO
3. En ocasiones, ¿te has sentido indefensa con la persona con la que estabas porque sabías que si decías algo todo iban a ser reproches? SÍ / NO
4. Cuando le has contado cómo te sentías, ¿te ha dicho que eres una exagerada o que no era para tanto? SÍ / NO
5. ¿Has dejado de decir cómo te sentías porque sabías que no te iba a creer? SÍ / NO
6. ¿Sientes que tienes que pedir por todo constantemente —por lo que dices, por lo que haces— y tienes la sensación de que has defraudado a esa persona? SÍ / NO
7. ¿Dudas de ti porque te da la sensación de que tus recuerdos no son fiables? SÍ / NO
8. ¿Te has llegado a cuestionar determinadas situaciones como si no hubiesen sucedido o hubieran pasado de otra manera? SÍ / NO
9. ¿Esa persona te cuenta cosas que han pasado, pero no sabes si han sucedido en realidad? SÍ / NO
10. ¿Te da miedo expresarte porque la otra persona siempre niega todo lo que dices? SÍ / NO

Este test es orientativo. Algunas de las conductas pueden ser luz de gas o no, pero si has marcado más de ocho síes, es posible que hayas vivido una relación de este tipo.

El término *gaslighting* proviene de una novela de Patrick Hamilton que se llamaba así, *Gas Light*. En ella, el señor Manningham trata de enloquecer a su mujer, Paula: baja la intensidad de las luces, le oculta cosas... En un momento del libro, el marido camina por el desván a escondidas con el propósito de encontrar las joyas de su anterior mujer, a la que asesinó, y consigue volver completamente loca a Paula, pero un policía lo descubre y acaba deteniéndolo. La historia es surrealista, pero nada más lejos de la realidad. En las próximas líneas te voy a presentar una de las técnicas de manipulación más crueles que, al mismo tiempo, es de maltrato, y espero proporcionarte información para que, si estás o has estado en una relación de este tipo, seas capaz de detectarlo y puedas salir de ahí.

La luz de gas es un tipo de manipulación psicológica y abuso emocional que se da de manera muy sutil en el que la persona que maltrata o manipula te hará dudar de tus recuerdos, tus percepciones, tu verdad, tu realidad. Quien lo aplica somete a su víctima a un juego de poder en el que la va minando poco a poco, la cuestiona, le hace dudar de su realidad y sus pensamientos. Esta se siente atrapada, oprimida, en una cárcel en la que el manipulador le hace dudar de todos sus movimientos. Cada vez más asfixiada, va cediendo terreno, y llega a un punto en que no reconoce lo que es verdad de lo que no. Si lo has sufrido alguna vez, habrás sentido que has desconfiado de lo vivido. Seguramente te habrás preguntado si estabas loca, si lo que estaba pasando era real o no, quizá te hayas sentido confundida o hayas dudado de tus pensamientos. La persona que te hace luz de gas, a partir de ahora *gaslighter*, te mentirá, te engañará, inventará todo tipo de situaciones, intentará reducirte e incluso te insultará para hacerte creer que las cosas no fueron como creías.

Te voy a presentar algunos síntomas que te pueden ayudar a detectar si te están haciendo luz de gas. Si los identificas, huye:

1. **Dudas de tu percepción de lo vivido.** Has experimentado un hecho concreto y, al recordarlo, tienes dudas, lagunas o lo que recuerdas no coincide con lo que te dicen. Cuando te cuentan los hechos, su versión es opuesta a lo que tú viviste, y ya no sabes qué creer.
2. **Te cuesta expresarte por miedo a lo que la otra persona te pueda reprochar.** Cuando has ido a contar algo, esa persona te lo ha reprochado, te ha cuestionado o directamente te ha humillado, invalidándote, y aprendes que es mejor, en ocasiones, no contar nada.
3. **A veces sientes miedo o ansiedad.** En el momento en que tienes que hablar de cualquier tema, si la persona que te hace luz de gas está cerca, sueles tener mucho cuidado, y esto te produce ansiedad.
4. **Dudas de tu identidad.** Crees que te conoces, pero la persona que tienes al lado te hace sentir que no eres como dices ser o que no tienes el valor que crees, y acabas sintiéndote pequeñita porque el otro te hace sentir así.

5. **Sientes que te ocultan parte de una historia o tergiversan la información.** Cuando te cuentan algo, crees que no es así o que no concuerda con lo que tú crees.
6. **Sientes que restan importancia a lo que dices o sientes.** En el momento en que cuentas algo, te da la sensación de que las personas de tu entorno te dicen que no es para tanto o que te hacen sentir que exageras cuando expresas tus emociones.

Típicas frases de una persona que te hace luz de gas

- «Qué exagerada eres, no es para tanto».
- «No pasó así, paso así… [introduce frase]».
- «Eres demasiado sensible».
- «Eres una teatrera».
- «Esto ya lo habíamos hablado, ¿o es que no te acuerdas?».
- «Te inventas las cosas».
- «Eso solo pasó en tu cabeza».
- «Estás actuando de forma impulsiva. Así no llegarás a nada».
- «Eso nunca ocurrió».
- «Estaba bromeando, qué poco sentido del humor tienes».
- «Yo no estoy gritando, la que grita eres tú».
- «¿Tú te estás viendo? ¡Qué vergüenza!».
- «¿Te estás oyendo? Lo que tengo que aguantar».
- «Estás loca».
- «Eres insoportable».
- «No hay quien te aguante, con ese carácter».
- «Ya te estás inventando las cosas otra vez».
- «Eres una mentirosa, nadie te cree».

- «Todo el mundo piensa lo mismo que yo y es… [introduce frase]».
- «Ya no sé si creerte».

Es duro darte cuenta de que estás viviendo una situación así, pero recuerda que es el primer paso para alejarte. Esta información puede resultar dolorosa, pero es necesaria para abrir los ojos.

Cortina de humo

El relato de Verónica

Mi madre era experta en cambiar de tema. Cuando sacaba algo de lo que necesitaba hablar, era la primera que hacía como que no me escuchaba, cambiaba de tema o me recriminaba cosas que yo había hecho y que quizá ya habíamos resuelto. Era frustrante, desesperante. Llegó un punto en que entendí que hablar con ella era misión imposible, darte golpes contra el mismo muro. Al final aprendí que lo mejor era no decirle nada, porque me desgastó tratar de que entendiera mi malestar.

clara definición de cortina de humo

El nombre proviene de una película que se llama así. En ella, descubren al presidente de Estados Unidos con una menor dos semanas antes de las elecciones y, para desviar la atención, deciden inventarse una guerra ficticia contra Albania, esperando que los medios de comunicación se centren en eso y dejen a un lado el escándalo. No te cuento más porque ya te he hecho bastante *spoiler*.

Esta técnica de manipulación es tal cual lo que sucede en la película. La persona que te manipula busca desviar el foco de atención de un tema que para ti es importante porque no se quiere ocupar o responsabilizar de eso. Lo hace de la forma más sutil e inesperada y, sin darte cuenta, muchas veces caes en la trampa.

¿Cómo puedo saber si me están haciendo o me han hecho una cortina de humo?

1. **Le da la vuelta a la tortilla.** Te echa en cara el mismo motivo que le estás diciendo que te molesta. Por ejemplo, le comentas que te molesta que no friegue nunca los platos y te contesta que tú nunca friegas el suelo.
2. **Dice que exageras.** Si estás contando algo que te preocupa o una actitud suya que te ha hecho sentir mal y te echas a llorar, en vez de reconocer que no ha hecho algo como debía y consolarte, te dice: «Ya estás llorando otra vez… ¿Te puedes calmar, que siempre estás igual?».
3. **Habla de temas secundarios.** Sacas un tema del que llevas tiempo queriendo hablar y te interrumpe con otro que no tiene nada que ver o que no es relevante. Por ejemplo, le comentas que últimamente le estás prestando mucho dinero y que crees que no te lo va a devolver, y entonces sale con que la luz del baño se ha fundido y que tiene que comprar una bombilla para cambiarla.
4. **Te hace ataques personales.** Cuando se ve acorralado, puede que te insulte, te menosprecie o inicie una discusión para escurrir el bulto y salir ileso.

5. **Crea un problema paralelo.** Expones un problema que te preocupa y, de la nada, te salta con otro que no tiene nada que ver para que habléis del segundo, y dejáis el principal sin atender.

El objetivo de la cortina de humo es no responsabilizarse de sus actos, buscar la distracción al hablar y, de esa manera, manipularte para que no seas capaz de abordar lo que te ha hecho daño o te ha molestado.

Ley de hielo o silencio castigador

El relato de Sofía

Me volvía loca, te juro que no soportaba ir a la oficina. Cada vez que tenía que ver a mi jefa, me temblaban las piernas. Sabía que, si cometía el más mínimo fallo, me haría el vacío de nuevo. Bueno, mientras no estaban los compis delante, lo llevaba bien; la movida venía en las reuniones de equipo. No soportaba que hablara a todas las personas de la sala menos a mí, me sentía impotente. Me entraban ganas de gritarle: «¿¡ME QUIERES HABLAR, JODER!?».

silencio castigador

En cuanto terminaba la reunión, me iba al cuarto de baño y lloraba sin consuelo. Me sentía pequeña, inútil, no había nada que me hiciera sentir peor que cuando hacía como que yo no existía. Sé que lo hacía para hacerme saber que no me pasaría ni una. Ojalá nunca hubiese aceptado ese puesto de trabajo... Perdí casi diez kilos en los ocho meses que estuve allí, un horror.

ley del hielo

Esta cruel técnica es también de maltrato. Consiste en una manipulación punitiva en la cual la persona que te la aplica deja de hablarte o te retira el afecto y se vuelve fría, evitativa, distante. Utiliza ese silencio para castigarte, para que entiendas que lo que has hecho no le ha sentado bien. Como su nombre indica, la persona se vuelve de hielo, y tú te preguntas: «¿Qué puedo hacer para que vuelva a hablar conmigo?».

Este comportamiento es pasivo-agresivo: no te dice qué le pasa, no expresa nada, para que entiendas que está enfadado por lo que has hecho. Y esto es muy hiriente, porque te retira el afecto para que aprendas a través del castigo que esto no se lo vas a hacer más, o atente a las consecuencias.

Cuando te aplican la ley de hielo, es como si te dejaran fuera de juego, como si no pudieras tener acceso a esa persona, como si pusieran un muro invisible entre tú y ella, y es posible que pierdas la estabilidad emocional. Esta manipulación con forma de castigo puede darse en cualquier relación: amistad, pareja, familia y laboral.

Los objetivos para aplicarte esta técnica pueden ser muchos: desestabilizarte, que aprendas que eso no se lo puedes volver a hacer, que te des cuenta de que está enfadado (y que no sabe cómo gestionarlo), avergonzarte, hacer que te sientas culpable... Y tú, que lo sufres, quizá tiendas a evitar el conflicto. Es probable que en muchas ocasiones hayas cedido, incluso pedido perdón, o quizá muestres arrepentimiento... Con tal de que te devuelva el afecto y la palabra, eres capaz de casi todo. Es posible que te resuene todo lo que te estoy contando, puede que lo hayas hecho en algún momento de tu vida porque no tenías herramientas para gestionarlo. Lo que resulta verdaderamente cruel e injusto es la ley de hielo que se aplica desde la consciencia y la intencionalidad para hacer enloquecer a la otra persona, sabiendo el efecto que causa en ella. Eso sí que es retorcido…

Dentro de la ley de hielo, hay un subtipo, la **técnica del hombro frío**, que la usan sobre todo los narcisistas. Consiste en que, cuando se dan cuenta de que eres una persona cariñosa, te retiran el afecto, pero no para castigarte, sino para hacerte sentir inferior y que les vayas detrás todo el tiempo, sin que entiendas qué está pasando o qué puedes hacer.

¿Cómo puedo saber si me están aplicando o me han aplicado la ley de hielo?

Di si has vivido o no alguna de estas situaciones:

1. Te deja de hablar cuando se enfada contigo. SÍ / NO
2. Te bloquea y te desbloquea en WhatsApp para que entiendas que has hecho algo mal. SÍ / NO
3. Se va de casa cuando discutís. Pueden ser días, incluso meses. SÍ / NO
4. Lo notas indiferente contigo, como si hubieras dejado de importarle, después de discutir, o cuando haces algo que no le parece bien. SÍ / NO
5. Después de una discusión, desaparece como si se lo hubiera tragado la tierra y te retira la palabra. SÍ / NO
6. Cuando haces algo que le molesta, te mira con frialdad, pero no se comunica. SÍ / NO

7. Estáis con un grupo de gente y le habla a todo el mundo menos a ti. SÍ / NO
8. Te manda indirectas por las redes sociales, pero en la vida real no te dirige la palabra. SÍ / NO
9. Te bloquea las historias o el perfil en las redes (Instagram/TikTok). SÍ / NO
10. Queda con el grupo de amigos y avisa a todo el mundo menos a ti. SÍ / NO
11. Utiliza a un tercero para comunicarse contigo. SÍ / NO
12. Tiene gestos físicos de ira, como romper cosas, lanzar objetos…, pero no te cuenta qué le pasa. SÍ / NO
13. No te permite entrar en casa, te deja en la calle. SÍ / NO
14. Le cuenta a todo el mundo qué le ha molestado de ti, pero a ti no te dice nada. SÍ / NO

Este test es solo orientativo. Si tienes diez o más síes, es posible que te hayan aplicado la ley de hielo o el silencio castigador.

Me gustaría hacer una aclaración: no es lo mismo el silencio castigador que necesitar tiempo o espacio para regularte. A esto último se le llama «tiempo fuera», y la diferencia es que avisas a la persona de que te vas a tomar un tiempo para despejarte, pero que volverás. La comunicación es la clave que marca la diferencia entre estos dos conceptos.

Chantaje emocional

El relato de Jessica

Las discusiones con ella eran horrorosas, me desesperaba. Dijera lo que dijera, sería utilizado en mi contra. Al principio comenzaba llorando, diciéndome que yo tenía la culpa de todo, que si estábamos así era porque yo quería, que ella no había hecho nada malo. Luego me decía que la responsable de su malestar era yo, y eso me destrozaba, me partía en dos. La quería muchísimo, era mi mejor amiga. ¿Cómo iba a ser yo la que causara tanto daño a una de las personas que más quería en el mundo? De verdad que me desgarraban nuestras discusiones, y siempre iban a más.

Llegaba un punto en que colapsaba y comenzaba a gritarme, a decirme que no le iba a volver a ver el pelo en mi vida. Eso sí que me daba miedo, así que hacía todo lo posible para que se tranquilizara, pero muchas veces era imposible. Luego, cuando les contaba a nuestros amigos lo que había pasado, me dejaba como la mala. Fue una tortura mental. Me costó mucho dejar de verla... Me sigo acordando de ella, no te miento si te digo que, a pesar de todo, la echo de menos, aunque sé que no tiene sentido. Para mí, ella fue muy importante.

culpabilización
victimización
culpabilización de nuevo
intimidación
amenazas
tergiversación de la información

El chantaje emocional consiste en jugar con tus emociones para conseguir lo que quiere de ti. Para ello, la persona que te lo aplica es capaz de utilizar métodos poco ortodoxos, no importa cuál, porque su único fin es egoísta. Seguramente, en algún momento de tu vida te hayas cruzado con alguien que haya intentado hacerte chantaje emocional. Puede presentarse de muchas maneras:

1. **Amenazas o intimidación.** Utilizar las amenazas o la intimidación es muy potente, ya que detrás se esconde una emoción intensa: el enfado. Lo utilizan para controlarte, dominarte y causarte la emoción que te he mencionado antes: el miedo. Te amenaza o intimida con su enfado para generarte el sentimiento de desprotección y pavor, y, de esta manera, tener el total y absoluto dominio sobre ti. Puedo decirte casi con certeza absoluta que todo el mundo tiene miedo de algo: de que la dejen, de estar sola, del abandono, del qué dirán... Quien te amenaza sabe de qué tienes miedo, porque recuerda que, antes de hacerlo, te conoce, al menos tus miedos.

   La intimidación va de la mano de las amenazas. Son comportamientos repetitivos y dañinos que pretenden hacerte sentir acorralada y, por ende, inferior, impotente y sin escapatoria. Las amenazas y la intimidación son manipulación y maltrato. Es algo grave que bajo ningún concepto debes pasar por alto. Pueden ser:

   - **Verbales:** insultos, faltas de respeto, comentarios despectivos y fuera de lugar.
   - **Físicas:** violencia, agresiones físicas, romper objetos cerca de ti, romperte la ropa o cosas que tengas en casa.

- **Sociales o relacionales:** difamar, marginar, excluir para aislarte o dejarte sin personas a las que recurrir.
- **Sexuales:** gestos, comentarios o conductas sexuales no deseadas ni consensuadas que pueden causar incomodidad o miedo.

¿Cómo puedo saber si me están o me han intimidado?

- A menudo tienes miedo cuando has de hablar con esa persona.
- Usa las amenazas y los gritos como forma de comunicarse contigo.
- En algunas situaciones, te sientes acorralada tanto física como emocionalmente.
- Dices que sí y accedes a situaciones en las que dirías que no.
- Aceptas hacer determinadas cosas en contra de tu voluntad.

Las amenazas pueden ser hacia ti, pero también hacia él o hacia otras personas. Por ejemplo, puede que te amenace con hacer daño a alguien o algo a quien quieres (una mascota, por ejemplo). Recuerda que el daño no tiene por qué ser directo hacia ti.

2. **Victimismo.** Como su nombre indica, la persona adopta el rol de víctima. Es una de las armas más letales dentro de la manipulación. Quien te quiere manipular trata de darte pena para que lo salves, y te genera dependencia a la relación. Te posicionas en el rol de salvadora y ella, en el de víctima. Esto se produce si existen terceros que le hagan la vida imposible a la supuesta

víctima. No sé si tienes en mente a alguna persona a la que casi siempre le pase de todo: todo el mundo es malo con ella, todo lo malo le pasa solo a ella, e incluso, cuando vas a contarle tus problemas, los suyos son peores. Estás de enhorabuena, has encontrado a una víctima de manual.

El victimismo es una técnica de manipulación potente, ya que consigue hacerte sentir como si fueras la mala de la película y que acabes empatizando con la auténtica manipuladora.

¿Cómo puedo saber si alguien se hizo o se hace la víctima para manipularme?

- Trata de dar pena por todo.
- Se queja prácticamente siempre.
- Tiende a culpabilizar a los demás de todo lo que pasa.
- No se responsabiliza de sus errores.
- Usa la pena para conseguir lo que quiere.
- Piensa mal de los demás, cree que tienen malas intenciones o intenciones ocultas.
- No se suele sentir culpable.

3. **Culpabilización.** Si hay algo que va de la mano con la victimización es la culpabilización. El objetivo en este caso es generar la sensación de culpa en ti por dos motivos: para no hacerse cargo del daño que te puede llegar a hacer y para que, de alguna forma, te sientas en deuda y acabes cediendo, pidiendo perdón o comportándote como esa persona quiera. Va de la mano

de la victimización porque, quien se victimiza, la mayor parte del tiempo te hará sentir culpable dándote lástima, para que acabes pidiendo perdón y trates de solventar una situación en la que quizá no tengas nada que ver.

4. **Tergiversar la información.** El fin es hacerte ver que él tiene razón y tú no. Así serás más manipulable, más vulnerable a sus palabras, a sus consejos, e incluso te hará pensar que solo haces lo correcto si le obedeces o sigues sus consejos. Tergiversar la información es manipular y distorsionar para que creas su versión, no la verdad. Es una forma de mentir, pero de las mentiras te hablaré más adelante.

Así pues, el chantaje emocional se ve de muchas maneras, todas peligrosas, retorcidas y dañinas. Es posible que en algún momento de tu vida lo hayas vivido, por eso es importante que sepas reconocerlo a tiempo. En ocasiones es difícil de detectar, así que espero que esta información te ayude a salir de dudas.

Jugar con tus inseguridades

No se toca donde una vez dijeron que dolía.

El relato de Lorena

Conocía a la perfección mis heridas, mis defectos, mi vulnerabilidad. Sabía qué era lo que más daño me hacía, pero decidí abrirme con él como no lo había hecho nunca con nadie, y ese fue el precio que pagué. ¿Acaso se puede querer a una persona a la que tratas de esa manera? ¿No era capaz de ver que lo que estaba haciendo me dolía? Parece que no.

Le conté que no me sentía segura con mi cuerpo y ahí vino el machaque. Cada vez que me veía comer, me decía: «Madre mía, cómo te vas a poner. Eso va todo a las cartucheras, un minuto en tu boca y una vida en tus caderas». Esas frases hacían que me planteara qué estaba haciendo y si era eso lo que realmente quería: ponerme como un tonel. Él me vendía la moto y me aseguraba que lo hacía para cuidarme, pero sé que no era así. Quería generarme más complejo e inseguridad, hasta tal punto que decidía lo que yo comía: íbamos a un restaurante y pedía por mí. En ese momento estaba demasiado ciega para verlo, pero en cuanto corté esa relación lo vi todo nítido.

conocer en profundidad tus inseguridades para atacarte ahí

Una de las mejores maneras de hacer daño a alguien es dándole donde más le duele. Cuando alguien conoce tus inseguridades y lo utiliza como arma para dañarte, se le llama «manipulación». Lo suelen utilizar para asegurarse de que te haces pequeñita y, de esa manera, que no lo abandones nunca. Lo que hay detrás de este juego con tus inseguridades es una falta de amor en quien lo aplica, que sabe que no está a la altura, así que trata de hacerte de menos para asegurarse de que no percibes su inseguridad o que sepas que tú vales más. De esta manera, no lo abandonarás.

Al narcisista le encanta estar con personas atractivas, válidas, independientes y agraciadas físicamente. Le atraen quienes tienen éxito porque son los trofeos más difíciles de conseguir, y eso les alimenta el ego. También experimentan placer al menospreciarte y crearte inseguridades porque, para ellos, es como derrumbar la torre más alta.

Existe una técnica dentro de esta, el **rechazo inofensivo**, que consiste en que alguien te dice que te desea, que le gustas o que quiere estar contigo, pero se inventa una excusa, como que no está preparado para salir con una persona como tú. Hace años que se estudia este fenómeno en psicología: cuando nos prohíben algo, lo deseamos con más fuerza. Es una forma de demostrar que somos dueños de nuestra vida, que podemos hacer lo que queramos y tomar nuestras propias decisiones. Entonces, cuando alguien nos prohíbe algo, nos hace desearlo con más fuerza, aunque en el fondo lo que quiera sea manipularnos para que queramos estar con esa persona.

¿Cómo puedo saber si están o estuvieron jugando con mis inseguridades?

1. Se ríe o se burla de lo que sabe que te hace daño.
2. Gasta bromas delante de otros respecto a aquello que te molesta o te duele que le has contado en privado.
3. En las discusiones, ataca tus puntos débiles para dejarte sin argumentos.
4. Hace comentarios despectivos sobre tu físico, tu inteligencia o tu red de apoyo.

Aislamiento

El relato de Vanesa

«¿Adónde vas?», me preguntó aquella tarde de abril que recuerdo como si fuera ayer. Le contesté: «Me voy con mis amigas, que me están esperando. Les he prometido que iba a salir con ellas, y sabes la ilusión que me hace esta fiesta». Y me respondió: «Como vayas a esa fiesta, no me vuelves a ver el pelo en tu vida». Sentí como si una cadena del material más pesado del mundo me apretase el cuello. Me costaba respirar, y supe que había tenido una crisis de ansiedad. Odié esa ansiedad, pero con el tiempo entendí que trataba de salvarme la vida.

Recuerdo que lo que le enamoró de mí fue que era una chica segura, decidida, libre, independiente… Es algo que siempre he amado de mí, lo libre que soy. Cuando empezamos le fascinaba, o al menos eso me decía, pero eso cambió conforme fue avanzando la relación. Ya no le hacía tanta gracia que tuviera planes, que saliera con mi gente por ahí o que simplemente estuviera sola en casa, a mi bola. Me acuerdo de que también le molestaba que trabajase, que tuviese independencia económica. Lo que más odiaba era que saliese con mis amigas. Eso me mataba poco a poco por dentro, me arrebató lo más preciado que tenía: mi libertad.

aislamiento

El aislamiento es una técnica de manipulación bastante retorcida, ya que el propósito con el que se te aplica es alejarte de tu red de apoyo, de tu gente, de las personas que te pueden abrir los ojos y ayudarte a ver que esa persona no te está tratando como te mereces. Es más común de lo que piensas: en muchas relaciones en las que hay manipulación y maltrato se da el aislamiento, ya que esta técnica funciona a la perfección para dar paso a todas las demás.

Si en algún momento has vivido manipulación, sabrás a qué me refiero. Una persona aislada es más vulnerable en todos los sentidos: para cambiar de criterio, ceder, aceptar lo que va en contra de sus valores, dejar de hacer determinadas cosas que antes le gustaban... En general, una persona aislada tiene el riesgo de perder su identidad, su personalidad, y por eso se utiliza tanto. Los manipuladores usan el aislamiento para que les bailes el agua todo lo posible, para que les dediques el máximo tiempo y te olvides del resto, incluso de ti.

Estas son algunas frases que suele decir una persona que te quiere aislar:

- «No me gustan tus amistades, te acaparan demasiado».
- «Hoy no me apetece salir. Tú tampoco sales y así te quedas conmigo».
- «Esta amiga tuya no te quiere de verdad, yo te quiero más que ella».
- «Qué pesada está tu familia con que vayamos a comer todas las semanas. Quédate conmigo en vez de irte con ellos» (cuando es el único momento en que ves a tu familia).
- «No les gusto a tus amigas, deberías plantearte con qué gente te juntas» (no les gusta porque saben que no te trata bien).

- «¿Otra vez vas a salir con tus amigas? Estás todo el día por ahí, ya no cuidas la relación» (cuando literalmente no las ves casi nunca).
- «Siempre estás con todo el mundo menos conmigo».
- «Hoy no sales porque lo digo yo».

¿Cómo puedo saber si me están aislando o me han tratado de aislar?

De primeras, quien te aísla no lo hace de forma directa, sino progresiva y sutil. Si te sientes identificada con estas situaciones, están tratando de aislarte:

- Últimamente has dejado de hacer planes, y no porque no te apetezca, sino porque sabes que, si los haces, habrá consecuencias negativas: que se enfade, que te deje de hablar o que tengas que pedirle perdón.
- Tus amistades te reclaman porque, de un tiempo a esta parte, solo estás con [escribe a continuación el nombre] ________.
- Sientes que, de un tiempo a esta parte, ves menos a tu familia, aunque quieres verla, y esto se debe a que le dedicas más tiempo a ________.
- Cuando haces planes con tu gente, ________ se enfada contigo.
- Últimamente tu ocio se limita a estar con ________, cuando en realidad quieres salir con otra gente o hacer planes que has dejado abandonados.
- Te conformas con estar encerrada, con tal de seguir con ________.

- Te sientes mal por hacer planes fuera de la relación.
- Si haces algo fuera de la relación, tienes que justificarte o dar explicaciones a ________.
- Has dejado de hablar con personas que para ti eran importantes solo porque a ________ le parece mal que te relaciones con ellas.

Estas son algunas de las situaciones que puedes vivir con una persona que intenta aislarte. Si sientes que alguien de tu entorno lo está intentando, recuerda que la red de apoyo tiene un papel fundamental para evitar que caigas en las redes del aislamiento social. Más adelante te hablaré de esto.

Invalidación emocional o anulación

El relato de Trini

Ojalá me hubiera dado cuenta a tiempo, pero no es fácil, ¿sabes? Cuando es tu padre quien te dice «Eso no tiene importancia», te lo acabas creyendo, te convences de que eres una exagerada. Me sentía bastante perdida: yo buscaba consuelo, no que me dijera que no era tan importante. Necesitaba que me diera un consejo, que me escuchara, no que me dijera: «Venga, venga, que no es para tanto».

La gota que colmó el vaso fue el día que lo dejé con mi ex. Yo estaba en un banco llorando desconsoladamente y lo llamé para que viniera a recogerme porque no tenía fuerzas para andar. Una voz dentro de mí me dijo que no lo hiciera, pero necesi-

taba ayuda y no sabía a quién pedírsela. Cuando le expliqué la situación, me dijo: «Ya estás otra vez con tus gilipolleces de niña caprichosa. He tenido un día horrible en el trabajo, lo siento, pero no voy a ir a por ti, y más te vale estar en casa a la hora de cenar». Y colgó.

invalidación emocional

Imagínate cómo me quedé, congelada. En ese momento decidí romper también con él. Es duro, porque era mi padre, pero necesitaba darme mi lugar. Ahora lo veo de vez en cuando y nuestra relación es cordial, pero sé que no llegará a nada más porque, cada vez que le cuento un problema, los suyos son peores, más grandes, más duros. Para él, siempre fui una niñata a la que no le pasaba nada grave.

La invalidación emocional se usa como técnica de manipulación para que, cuando alguien te la aplique, comprendas que lo que tienes que decir o lo que sientes no es tan importante, y así ir minando tu amor propio. Puede derivar en indefensión aprendida, o lo que es lo mismo, que la víctima aprenda a no defenderse y pierda su voz en la relación. De esto te hablaré más adelante.

Maneras de invalidarte

- Menosprecia lo que haces o dices.
- Compara despectivamente tu experiencia con la suya.
- Se burla de tus problemas o emociones.
- Ridiculiza lo que estás contando.
- Te hace pensar que exageras.

La invalidación se realiza de forma progresiva. Lo puedes detectar en pequeños detalles del día a día, como que, si te ve llorar, en vez de consolarte te diga que ya estás otra vez o que siempre estás con las mismas tonterías (emociones o circunstancias). Otra manera de darte cuenta de que te están invalidando es que, cuando vas a hablar, no te escucha o se limita a verbalizar que no tiene ganas de escuchar eso que para ti es tan importante. Si, cuando necesitas apoyo, esa persona no solo no te lo brinda, sino que te hace sentir de menos, que eres una pesada o que no es importante lo que dices o has vivido, ahí no es.

Control

El relato de María

No era dueña de mi vida. Absolutamente todo lo que hacía tenía que pasar por el filtro de mi madre: con quién quedaba, qué ropa llevaba, cuándo usaba el móvil, todo. Lo raro era que yo me fijaba en mis amigas y sus familias no las trataban así. Mi madre me hacía sentir pequeña. Me comparaba con mi círculo y a mí me prohibían cosas que no eran normales. También tenía que enseñarle todas mis conversaciones, mis chats, darle mis contraseñas, contarle todo lo que había hecho… Si a mi madre no le gustaba una amiga mía, me prohibía salir con ella. Me tenía harta.

El control se puede ejercer de muchas maneras. El objetivo final es tener completo dominio sobre ti y tu libertad para que no puedas tomar decisiones y hacer tu vida, sino que siempre dependas de la persona que te controla.

¿Cómo puedo saber si me están o me han estado controlando?

1. **Control económico.** Tu economía, dónde te gastas el dinero. O directamente te lo quita y lo administra.
2. **Control de tus actividades.** *Hobbies*, amistades, a qué dedicas el tiempo libre... En resumen, lo que haces. Si controla esto, esa persona es dueña de casi toda tu vida, y te deja sin libertad, como si fueras una marioneta.
3. **Control de tus decisiones.** Lo que comes, lo que compras, lo que lees...
4. **Control de tu círculo social.** A quién ves, con quién compartes el tiempo libre, amigos, familia...

Recuerda que, si una persona te controla, te quita lo más preciado, la libertad, y con eso no se negocia. Tu vida la controlas tú y nadie más.

Triangulación

El relato de Ada

Siempre fui la mala de la película, al menos yo me sentí así casi todo el tiempo que viví en aquella casa. Era duro que siempre me comparase con mi hermana la perfecta. Ella lo hacía todo bien: sacaba buenas notas, limpiaba la casa, trabajaba... Todo el rato me comparaba con ella.

compararla

No te voy a mentir, la llegué a odiar. Solo quería que mi madre me hiciera caso, que me dijera que me quería, pero siempre estaba mi hermana por en medio. Me hizo sentir que no valía, se encargaba de recordarme que era inferior a mi hermana.

Esta técnica de manipulación es de las favoritas de los narcisistas, ya que se puede utilizar con cualquier tipo de vínculo. El objetivo es que la persona a la que se le aplica se sienta celosa, inferior, despreciada y humillada. Es una manipulación indirecta, por lo que es muy difícil que te des cuenta, sobre todo si ya has entrado en su juego.

¿Cómo puedo saber si me están o me han estado triangulando?

Estas son las distintas formas de triangular:

1. El narcisista mete a un tercero —en este caso, la salvadora de la situación—, y te deja desplazada, como si no hubiese lugar para ti. Tú serás la causante de todos sus problemas, y ese tercero lo salva del dolor que le estás provocando. También se puede dar que la salvadora sea la persona perfecta y tú, a su lado, no tengas nada que hacer porque te da mil vueltas en todo. En las relaciones románticas, el narcisista suele triangular con una ex, alguien del pasado o del presente que es mejor que tú. La tiene idealizada, y te hará creer que nunca llegarás a ser como ella, que la vida a su lado es o era mejor. Quizá esto te suene de tus relaciones amorosas o de

otro tipo: familia, amistad, trabajo... La triangulación se da en todos los vínculos.

2. Hablar mal de una tercera persona para ponerte en su contra y, de esta forma, que te pases al bando del narcisista. Si te das cuenta, sigues siendo víctima de manipulación, pero desde la otra punta del triángulo. Básicamente, la persona que te manipula difama a otra y te cuenta posibles cosas que ha dicho de ti, que ha hecho a tus espaldas, o te dice que se ha portado mal con él. Es probable que todo eso no sea cierto: lo hace para que pienses mal de esa persona y te alíes con ella.

El narcisista triangula de forma perversa para que te sientas inferior, hacerte sentir celos, derrumbar tu autoestima y que te quedes sin defensas, odies... y de este modo hagas lo posible para ganarte su amor.

La triangulación es una manipulación sutil pero dolorosa que te hace ver la realidad de una manera distinta y genera malestar emocional.

Mentiras

El relato de Isabel

Llevaba dos años en una relación de idas y venidas. Durante todo ese tiempo me hablaba mal de una amiga suya: me decía que se acostaba con un montón de tíos. De forma despectiva, él me creó esa imagen de ella para que me pusiera celosa y, cada vez que quedasen, yo sufriera. Como puedes ver, lo pasaba muy mal. Por entonces la odiaba, siempre me dio a entender que él y ella habían tenido algo, me triangulaba todo el tiempo.

Un día salimos y nos la encontramos con su pareja. Parecían estar bien. En un momento en el que me quedé sola, se me acercó de manera amistosa, nos pusimos a charlar y me dijo: «No entiendo por qué nos llevamos tan mal». Y yo le respondí: «Tía, me lo ha contado todo, sé que os habéis acostado y que tú querías más de él». Entonces me miró sorprendida y me contestó: «No nos hemos acostado en la vida, no lo tocaría ni con un palo». Yo me quedé en shock, no sabía qué decirle. Todas esas mentiras durante tanto tiempo me habían hecho sufrir demasiado. Luego le contó toda la conversación a su novio, y los dos fueron a hablar con el que era por entonces mi pareja. Él no se lo esperaba: se vio acorralado y empezó a mirarme con odio. No sabía por dónde salir, así que tuvo que confesar que todo era mentira. Luego me echó la bronca por haber contado la situación, y me sentí completamente traicionada.

las mentiras como forma de manipulación hacen mucho daño

La mentira es una manera de manipular cruel y devastadora que fulmina las relaciones de un plumazo. Es jugar con la confianza del otro; cuando se pierde, es complicado volver a construirla. La mentira puede ser tan grande que alguien llegue a inventarse una vida paralela y tú no lo sospeches. Como forma de manipulación, es un arma muy poderosa, ya que puede hacerte creer cosas que no son verdad, meterte en una realidad ficticia y que acabes dudando de lo que es o no real, e incluso alejarte de las personas que te quieren.

Estos son los tipos de mentiras que existen para manipular:

1. **Mentira negra:** se dice para obtener un beneficio egoísta y hacer daño.
2. **Mentira por omisión:** se omite información.
3. **Mentira de negación:** se niega algo que se sabe, es decir, la verdad.
4. **Mentira de exageración:** magnifica una situación.
5. **Mentira de minimización:** se reduce la importancia de algo.
6. **Mentira instrumental:** se dice de forma deliberada o consciente.

La mentira es una manera de manipular muy nociva para quien la recibe, ya que desdibuja la realidad y puede hacer creer historias que, además de no ser ciertas, pueden causar un daño emocional irreparable. Si lo has vivido, sabes a lo que me refiero: las mentiras lo destruyen todo —familias, amistades...—, son como una herida que se infecta y no para de sangrar. Son capaces devastar hasta la relación más leal.

Doble mensaje

El relato de Marta

Me preguntó: «¿Hoy no tienes planes?». «No», respondí con un hilo de voz. «Últimamente no ha-

ces nada. Deberías salir, como antes», me reprochó. Me mantuve en silencio y ahí terminó la conversación. No me apetecía entrar al trapo.

doble mensaje, genera caos y confusión

A las dos semanas, ella estaba en el salón y me vio coger las llaves. Estaba en la puerta, dispuesta a salir, cuando me preguntó: «¿Dónde vas?». «He quedado», contesté con rapidez. «Chis, ¿me lo estás diciendo en serio?», gritó por el pasillo. «Por supuesto», respondí con voz firme. Entonces empezó con su típica retahíla: «Otra vez por ahí», «Ya no pasamos tiempo juntas», «Me siento segundo plato»... Esa frase era siempre el principio del fin.

Estaba desquiciada, no entendía qué quería de mí. A veces ya ni reaccionaba de lo agotada que estaba. Hiciera lo que hiciera, siempre estaba mal. Era demoledor estar al lado de una persona que me trataba así la mayor parte del tiempo.

El doble vínculo o mensaje es un concepto acuñado por Gregory Bateson que describe un dilema comunicativo por la contradicción entre dos o más mensajes, lo que viene a decir que se expresan dos ideas contradictorias. Y eso te deja en un callejón sin salida, ya que, elijas lo que elijas, se te castigará, se te recriminará y no tendrás escapatoria.

El doble mensaje es bastante retorcido, ya lo ves. Imagínate que esto lo utiliza alguien para manipularte: te pide que escojas entre dos opciones, pero, elijas la que elijas, te lo recriminará. Lo más probable es que, después de un tiempo, optes por no hacer nada, lo que se conoce como «indefensión aprendida». Te hablaré de ella más adelante.

El doble mensaje genera disonancia, confusión y ansiedad, y es más común de lo que piensas. Si lo has vivido, quizá hayas sentido confusión, miedo y desesperanza, ya que, hagas lo que hagas, es probable que te castigue por tu respuesta o tu conducta.

Abuso reactivo

El relato de Lucía

No sabía lo que era la paz mental hasta que me fui de esa casa: todo era un caos, nos hablábamos a gritos, no sentía que fuera un lugar seguro. La relación con mi hermano cada vez iba peor. Sabía que él estaba pasando una época muy mala y que no tenía las herramientas necesarias para gestionar sus problemas, pero al final lo acababa pagando yo.

Nuestras discusiones siempre eran iguales: iban escalando hasta que yo explotaba. Te juro que trataba de mantener la calma, pero muchas veces era imposible. Cuando estallaba, me acusaba, me recriminaba que todo era por mi culpa, me preguntaba si no me daba vergüenza ponerme así con la edad que tenía, porque yo era cuatro años mayor que él. Acababa llorando, me sentía culpable. ¿Cómo era posible que siempre acabase entrando en su juego? No entendí lo que me pasaba hasta que saqué el tema en terapia, con mi psicóloga. Ella le dio sentido a todo.

claro ejemplo de abuso reactivo

¿Alguna vez has tenido la sensación de perder el control en una pelea y, por ejemplo, faltar al respeto o gritar a la persona con la que discutías? Si es así, quizá hayas sido víctima de abuso reactivo, una técnica de manipulación en la que la persona conoce tus puntos débiles y te ataca justo ahí para que reacciones. Cuando reaccionas, a lo mejor de forma desproporcionada porque esa persona consigue desregularte, te echa la culpa y te recrimina tu reacción.

La persona que aplica el abuso reactivo sabe qué teclas tiene que tocar de forma muy sutil para hacerte daño y que estalles. De ese modo, cuando te reproche tu reacción, te quedarás indefensa: te hará sentir culpable e incluso acabarás pidiendo perdón y, por supuesto, habrás perdido la batalla. Con esto consigue posicionarse por encima de ti en ese juego de poder en el que te envuelve para retroalimentar su sentimiento de superioridad y su ego al hacerte quedar por debajo. Es posible que te grabe o replique tu reacción para recordarte que estás loca, y lo utilizará en vuestras discusiones para dejarte sin argumentos.

Esta técnica es cruel: reaccionas de forma agresiva ante un abuso aparentemente invisible y te expones, por lo que le darás motivos más que de sobra para que lo utilice en tu contra.

Silbato de perro

El relato de Lidia

Llevábamos un tiempo saliendo. Cada vez que se iba con su amante, volvía con un ramo de rosas a modo de disculpa, así que comencé a relacionar las rosas con la infidelidad. No había nada en el mun-

do que me hiciera más daño que escuchar las palabras «ramo de rosas»: me recordaba la cantidad de veces que lloré, que le pregunté por qué, lo insuficiente que me sentía... Mi autoestima estaba destruida.

abuso reactivo

Un día fuimos a casa de sus padres y, en mitad de la comida, se le ocurrió decir que me había regalado muchos ramos de rosas. Yo estallé, rompí a llorar sin consuelo y me puse a gritar. En ese momento no entendí mi reacción, y encima tuve que lidiar con la culpabilidad posterior porque sus padres me miraron fatal. Empezó a recriminarme que era una histérica, con la rabia que me da esa palabra. Hasta tiempo después no entendí qué me había pasado. Qué duro fue... Aún siento escalofríos cuando oigo esas palabras. Me quedé rota, no le deseo a nadie lo que me hizo pasar.

Este término es una metáfora: los silbatos de perro emiten ondas de sonido imperceptibles para el oído humano, solo pueden escucharlas ellos. Con esta técnica de manipulación pasa algo casi idéntico, pues la persona que la aplica dice una palabra que solo tú conoces o que hace referencia a un concepto que solo vosotros entendéis. Pretende mantener el poder y el control sobre ti, activar una especie de juego mental retorcido que solo vosotros dos conocéis.

El silbato de perro es una técnica invisible a ojos de los demás; solo las personas que pertenecen a ese círculo vicioso de manipulación pueden reconocerla. Se sufre desde dentro, por lo que es mucho más difícil ayudar a la víctima.

Hoovering

El relato de Elena

Llevaba sin hablar con ella desde que dejé el trabajo. Aún recuerdo el último día que estuve allí: me miraba con odio y desprecio, no aceptaba que me fuera. ¿A quién machacaría ahora? Seguro que no tardó en encontrar otra víctima. Tener una jefa tan manipuladora no entraba en mis planes cuando acepté ese puesto.

hoovering

Parecía encantadora, como al principio. Estuvo contándome un montón de proyectos que me interesaban. Sabía cómo ponerme la miel en los labios, y me lo estuve pensando. Pero luego recordé lo mal que me lo hizo pasar y entendí que su propósito iba más allá de volver a trabajar juntas: quería una persona vulnerable a la que destrozar. Así que le mandé un mensaje —«Gracias, pero no estoy interesada»— y puse el móvil en modo avión. Me agradezco cada día de mi vida haberme ido de allí.

El *hoovering* es la técnica de manipulación narcisista por excelencia, pero mucha gente sin diagnóstico de narcisismo también la utiliza. El término proviene de *hoover*, que significa «aspirar»: la persona trata de captarte después de un tiempo sin saber de ti con la intención de volver a manipularte. Por ejemplo: una persona con la que mantuviste una relación (de cualquier tipo) vuelve a tu vida después de un tiempo para volver a hacerte lo mismo que antes, es decir, daño. Otra razón por la que te hacen *hoovering* es para saber si sigues disponible, si aún eres accesible, quizá para alimentar su ego.

¿Cómo puedo saber si me están haciendo o me han hecho *hoovering*?

Estas son las nueve técnicas que más se utilizan a la hora de hacer *hoovering* a exparejas:

1. **Contacta por sorpresa.** Tras una temporada sin saber nada de esa persona, vuelve a aparecer con un mensaje del tipo: «Te echo de menos», «Todavía pienso en ti», «No te he olvidado», «¿Cómo estás? Hace tiempo que no sé de ti». *A priori* parecen mensajes bonitos e inocentes, pero sus intenciones ocultas no lo son.
2. **Muestra arrepentimiento.** Te hará creer que está arrepentido por lo que pasó, por lo que te hizo tanto daño. Se volverá muy insistente, y quizá te sorprenda, ya que cuando te hizo daño no mostró arrepentimiento.
3. **Declara su amor por ti.** Al poco de retomar el contacto, ya te está diciendo lo mucho que te quiere, lo mucho que ha pensado en ti durante este tiempo, e incluso tiene detalles románticos para demostrarte su amor, como mensajitos de buenos días por la mañana.
4. **Retoma el contacto con tu círculo.** Sabe perfectamente que la forma de recuperar tu confianza es volviendo a relacionarse con la gente de tu círculo: empezará a quedar con tus amigos o intentará engatusar a tus padres. Hará todo lo posible para hacerse ver en tu entorno y que tengan una buena imagen de él.

5. **Hace como que no pasó nada.** Quizá en algún momento necesites entender ciertas cosas que pasaron en la relación, pero no obtendrás respuestas, ya que te hará sentir que no fue tan grave o que no fue así.
6. **Amenaza con hacerse daño.** Como es tan controlador y manipulador, si las cosas no salen como él piensa o espera, quizá te amenace con hacerse daño, pegarse, estrellarse con el coche… si no accedes a tener una cita. Recuerda que las amenazas son, de por sí, manipulación.
7. **Se victimiza.** Aunque es una técnica de manipulación —como las amenazas—, la persona que intenta volver contigo no dudará en usar esta carta para darte pena y, así, conseguir que vuelvas a abrirle la puerta de tu corazón.
8. **Pide ayuda.** Conoce tus puntos débiles, sabe que seguramente seas una persona empática, así que tratará de pedirte ayuda para generar más compromiso en el vínculo por tu parte, y asumirá el papel de persona desprotegida que necesita tu ayuda.
9. **Te chantajea con regalos.** Puede que, en su despliegue de técnicas para recuperar tu amor y confianza, comience a hacerte regalos para que te sientas en deuda con él y que la gente de tu entorno vea que se interesa por ti.

Recuerda que el *hoovering* se puede hacer en cualquier tipo de vínculo, no necesariamente con parejas: un amigo que te hizo daño hace tiempo, una madre con la que decidiste cortar porque te trató mal, un excompañero de trabajo del que no sabes nada desde hace tiempo o una antigua jefa, como hemos visto en la historia.

Efecto espejo o proyección

El relato de Charo

Era imposible convivir con mi hermano, el tema de las drogas se le había ido de las manos. Se colocaba y lo dejaba todo hecho un asco: los platos sin fregar, la ropa sin recoger... La casa parecía una pocilga. Siempre estaba gritándome que por qué no hacía nada, cuando era la única que recogía, la única que hacía algo. Pero, claro, como era la pequeña, me tenía que callar.

Lo peor llegó el día que vendió la tele, esa fue la gota que colmó el vaso. Yo sabía para qué la había vendido. Cuando volvió, fue una odisea: empezó a acusarme de que yo me la había llevado. En serio, fue horrible. Yo no hacía más que llorar... Menos mal que pude salir de allí. Desde entonces no he sabido nada de él, aunque todavía me siento culpable por cosas que sé que no tengo la culpa. ¿Sabes qué? Sigo teniendo pesadillas de esa época de mi vida.

efecto espejo

El efecto espejo viene a decir que la persona proyecta en ti todo lo que no hace como debe contigo —por ende, lo que te hace daño— para eximirse de responsabilidad y hacerte sentir culpable de lo que no funciona tanto en vuestra relación como fuera de ella. En este caso, quien te manipula tenderá a reprocharte todo lo malo que te pueda llegar a hacer quizá incluso antes de que tú lo vivas. En este sentido, el refrán «Se cree el ladrón que son todos de su condición» viene como anillo al dedo.

Como ves en esta historia, el hermano le reprochaba cosas que había hecho él, no se responsabilizaba de nada y generaba ese sentimiento de impotencia y culpa tan injusto del que le costó librarse.

El efecto espejo se puede aplicar a casi cualquier situación cotidiana y a todos los vínculos. Cuidado con las personas de tu entorno que no se responsabilizan de lo que no están haciendo bien y que te lo echan en cara: quizá te estén haciendo manipulación de efecto espejo.

Negging

El relato de Celia

Te cuento la última joyita de mi cita por Tinder. Fue hace como dos semanas. La verdad es que está el mercado cada vez peor, tía. Te juro que creo que soy una persona que merece la pena, y aun así esto que me pasó me dejó descolocada.

Quedamos a las ocho de la tarde en un bar cerca de casa. Me estaba esperando, y nada más verme me dijo: «Uy, parecías más delgada en la foto. No te lo tomes a mal, ¿eh? También me gustan las rellenitas, así hay más carne que agarrar». Me sentí incómoda toda la cita. Luego me suelta: «Pareces bastante inteligente para ser peluquera», como si fuera una profesión de segunda. Al final, me propuso ir a su casa, pero me fui sola a la mía, me pedí una pizza y estuve viendo una peli con mi gato. Verás como al final me quedo sola…

negging

Esta técnica de manipulación es poco conocida, ya que el término se ha popularizado hace muy poco. El *negging* (que significa «halago negativo») es un insulto disfrazado de halago. Por ejemplo, alguien quiere ligar contigo y, para hacerlo, utiliza el desprecio, ataca tu autoestima o te hace sentir inferior. Seguramente, hayas pensado al leerlo: «No ligaría con nadie que intentara despreciarme», pero no es tan fácil de detectar, ya que sonará como un halago de sabor agridulce.

El objetivo del *negging* es ponerse por encima de ti, como si de un juego de poder se tratara.

¿Cómo puedo saber si me están haciendo o me han hecho *negging*?

- **Minimiza tus logros:** «Está genial que hayas entregado ese trabajo tan difícil, creo que todas tus compañeras también lo entregaron».
- **Infravalora tus gustos o metas:** «¿En serio quieres ser cantante? Las únicas cantantes que conozco son las del karaoke, pero oye, mira, quién sabe».
- **Hace bromas pesadas:** «¿Eres feminista? No serás una feminazi de esas, ¿no?».
- **Te compara con el resto:** «Ese pantalón tan chulo que llevas se lo he visto hoy a seis personas más».
- **Te compara con otras personas:** «Anda, te pareces mucho a (nombre de una famosa), solo que con más kilitos. Pero no te lo digo a malas, ¿eh?».

El *negging* es una técnica que suele darse en las primeras citas o cuando estás conociendo a alguien, pero también puede aparecer en una relación en la que lleves más tiempo.

Manipulación sexual

El relato de Yolanda

Me tenía enganchada, fue el mejor sexo de mi vida. Y, claro, luego hacía lo que quería conmigo. Teníamos broncas monumentales, pero enseguida lo compensaba y me hacía sentir como una diosa, me lo daba todo... No sé cómo lo hacía, pero caía rendida a sus pies. Me pasaba el día pensando en esos momentos en que me entregaba a sus brazos, y no me importaba que hubiéramos tenido la mayor de las peleas. Sé que suena complicado, pero me sentía así.

Lo peor llegaba cuando me pedía dinero o me decía que le echara gasolina a su coche. Yo sabía que nunca me lo devolvería, pero en ese momento me daba igual, hacía conmigo lo que quería. Era curioso que siempre aprovechara las relaciones sexuales para pedirme o prohibirme algo. Ahora, desde fuera, lo veo todo mucho más claro.

Este tipo de manipulación consiste en conseguir algo de ti a través del sexo. El mecanismo es el siguiente: te engancha a través de las relaciones sexuales, ya sea porque aprende lo que te gusta o porque es una persona muy activa y te atrae mucho, para, después del sexo (quizá de las mejores relaciones de tu vida), pedirte favores u obligarte a hacer algo que no quieres. Cuando tenemos relaciones sexuales, liberamos un montón de neurotransmisores, como la oxitocina, que hace que sintamos un estado de bienestar y felicidad, pero a su vez hace que seamos más vulnerables, y es ahí cuando el manipulador, a través de ese trance sexual, nos lleva a su terreno casi sin que nos demos cuenta.

Campaña de difamación

El relato de Ilaria

Se ganó a toda mi gente. No pude hacer nada para evitarlo, era encantador. Pero, como te puedes imaginar, en casa era muy distinto. Cuando nos divorciamos, se dedicó a dejarme mal delante de todas las personas que conocía, mis amigos y los suyos. Trató de hacer creer a mis padres que les había robado dinero cuando fue él quien lo intentó. Me enteré por ahí de que se cruzó con el chico al que yo estaba conociendo y le dijo que seguía escribiéndole desesperada para volver con él, cuando era mentira. Trató de hundirme contando mentiras sobre mí, no soportaba verme feliz, saber que había rehecho mi vida. Fue un auténtico calvario.

campaña de difamación

Esta técnica consiste en hablar mal de ti en tu entorno: amigos, familia, compañeros de trabajo… El objetivo de la difamación es que cada vez te vayas quedando más sola y, así, seas más vulnerable a sus manipulaciones.

Otra casuística que se puede dar es la de criticarte en su entorno para que todos piensen mal de ti y se alíen con él. Así no tendrás defensa posible y nadie te creerá.

Es una manipulación indirecta, ya que la persona no te ataca a la cara, pero se encarga de que otros lo hagan por ella. He llegado a ver casos en los que convence a gente de su entorno de que la víctima es ella, dejando a la víctima como la mala de la película. Esto ayuda al manipulador a ejercer presión social sobre ella. Además, al convencer al resto de su realidad, le será más fácil aplicar técnicas como la luz de gas, de la que te he hablado antes…

Lavado de cerebro

El relato de Begoña

Me apunté a un curso de filosofía por unos carteles que encontré colgados por la calle, en el barrio de Malasaña. Pintaba bien la cosa. Desde que dejé el insti, me apetecía continuar con esta materia, pero no había tenido la oportunidad.

Madre mía, todavía recuerdo perfectamente la primera clase: desde el minuto uno, me generó un sentimiento de deuda y pertenencia; menos mal que me di cuenta a tiempo. Tenían hasta un lema, que repetían sin cesar.

lavado de cerebro

El grupo era variopinto, pero se veía que era gente vulnerable. El líder nos enseñaba filosofía, pero cuando empecé a ver que trataban de hacerme cambiar de opinión respecto a determinados temas, dije «Esto no es para mí» y me largué. A la semana siguiente leí una noticia en el periódico que decía: «Se destapa una secta que atrapaba a sus víctimas a través de clases de filosofía en Malasaña». Me quedé de piedra, menos mal que salí de ahí por patas.

Esta técnica fue acuñada por primera vez por el periodista Edward Hunter. Descubrió que los veteranos de la guerra de Corea, cuando volvían a casa, tenían ideas completamente distintas, incluso contrarias, a las que poseían al marcharse. Esto se debía a que, al hacerlos prisioneros, los encerraban y torturaban a nivel psicológico hasta que les hacían cambiar de opiniones, gustos, valores e ideas.

Esta técnica se sigue utilizando en vínculos de cualquier tipo, y lo hacen así:

- **Utilizan mantras.** A raíz de repetir una y otra vez un concepto, lo acabas asumiendo como si ese pensamiento fuera tuyo.
- **Generan dependencia y miedo.** El mensaje está claro: «Tienes que hacer lo que yo te diga para salir de esta situación tan dura en la que estás metida». Al hacerte sentir que no tienes escapatoria, serás capaz de hacer lo que sea con tal de huir de ahí. Seguramente ya te habrá generado ese sentimiento de deuda que hace que te mantengas en la relación durante tanto tiempo.
- **Critican.** Acabas criticando a la gente de tu entorno, incluso a tus amigas más cercanas. Te envuelve en sus ideas y su visión negativa del mundo. Al criticar a tu círculo, le costará menos aislarte y manipularte.

- **Se autocritican.** A base de escuchar tus defectos cada dos por tres, acabas criticándote y hablándote mal. Así eres más vulnerable al cambio o la manipulación.
- **Utilizan el bombardeo de amor.** Ya te he hablado antes de él: genera sentimiento de deuda.

Las sectas son pioneras en aplicar estas técnicas de lavado de cerebro para captar a sus víctimas, pero son muchas las personas que emplean estos métodos con tal de tener el dominio sobre ti y tus pensamientos. El procedimiento es el mismo que utilizan los manipuladores para llevarte a su terreno.

Ensalada de palabras

El relato de Pilar

Las discusiones con mi hermano se me hacían bola. Total, ya sabía cómo terminaban: acababa dándole la razón con tal de no escucharlo. Me hacía gracia ver cómo se ponía a decir frases sin sentido, mensajes que quizá no tenían nada que ver con lo que estábamos hablando, o me echaba en cara situaciones del pasado que no estaban relacionadas con el tema de conversación. Pero eran batallas perdidas, lo sabía yo y toda mi familia.

ensalada de palabras

La ensalada de palabras es una técnica que se utiliza cuando estás discutiendo con alguien, la otra persona está perdiendo, siente que no le quedan argumentos o se ve amenazada, y trata de recuperar el control diciendo cosas incoherentes e inconexas. Eso provoca que le des la razón con tal de no escuchar más tonterías. Suelen ser conversaciones circulares sin punto de unión, carentes de argumentos, en las que se emiten muchos conceptos vacíos de contenido.

El objetivo es el mismo que en la técnica de la cortina de humo: cambiar el foco de atención para que la persona que trata de manipularte no se responsabilice del daño que te está provocando. Intenta desviar la atención de la disputa diciendo frases inconexas que hacen mucho ruido para no abordar el tema por el que discutíais o el motivo que te ha hecho daño.

* * *

Existen muchas técnicas de manipulación. Algunas son muy retorcidas y perversas, otras son difíciles de detectar cuando las sufres. Creo que es muy valioso conocerlas todas para que, si las experimentas, puedas ponerles freno. El conocimiento es poder, y aprender a etiquetar todas estas conductas como manipulación te ayudará a salir de ese pozo, pero para no volver a caer.

7

Abuso narcisista

Quiérete con tanta fuerza que lo que digan sobre ti no te haga dudar.

El abuso narcisista es una forma de maltrato. Por eso me parecía importante empezar hablándote del maltrato, porque si estás o has estado en una relación de abuso narcisista no puedes perder el foco: es una relación en la que el maltrato está siempre presente.

Fases del abuso narcisista

Antes de nada, debes saber que el ciclo se repite en bucle, de manera infinita, hasta que una de las dos partes decide terminar con la relación: el narcisista lo hará porque ya tiene otra víctima a la que exprimir, y a ti quizá te cueste romper, aunque hayas abierto los ojos. Si es así, más adelante te contaré qué puedes hacer para salir de una relación con un narcisista.

Estas fases se parecen mucho al ciclo de la violencia en las relaciones de maltrato, ya que te recuerdo que, si has vivido una relación de abuso narcisista, en mayor o menor medida has vivido maltrato, y aunque suene duro, cuando ponemos nombre a las cosas y obtenemos información nos es mucho más fácil salir de ahí o pedir ayuda.

A continuación voy a explicarte las fases del ciclo del abuso narcisista para que puedas reconocerlas y largarte cuanto antes.

Fase de idealización

El narcisista te hará sentir que eres lo más importante del mundo, te pondrá en un pedestal, te adorará, serás el eje de su vida. En ese momento podemos ver técnicas como el **bombardeo de amor** o la **almagemelización**. Te llevará a lo más alto, estará todo el día reforzándote de forma positiva, y es posible que le creas, porque aparenta ser la persona ideal: delante de los demás es perfecto, nadie te quiere más, jamás te hará nada. Ahí se gana tu confianza, le crees sin saber que estás cruzando las puertas del infierno.

Fase de devaluación

El narcisista desplegará todas sus técnicas de **menosprecio** y **maltrato**, toda su furia, celos, control, y comenzará la agonía. Se acabó esa nube en la que estabas. Aunque suele suceder de forma progresiva, comenzará a comerte terreno, a meterte en un pantano tenebroso, y así, sin darte cuenta, estarás hasta arriba de fango. Si intentas salir, cada vez te hundirás más. En esta fase, el narcisista comprueba que te tiene bien atada, ya que habrá hecho un gran trabajo en la fase de idealización. Se asegura de que confías, de que apuestas por la relación, de que estás ilusionada y tienes esperanza, para después arrebatártelo todo. Puedes vivir técnicas como el control, el chantaje emocional, las mentiras, jugar con tus inseguridades o el silbato de perro.

Vivirás en primera persona el desprecio, el vacío, el ninguneo, en resumen, el dolor emocional. Pero ¿sabes qué? No le importa, porque su único fin es acabar contigo. Todo aquello que en la fase de idealización amaba y adulaba ahora es motivo de burla y castigo. Te hará sentir que todo lo que haces, todo lo que eres, está mal. Será como un látigo esperando cada movimiento para azotarte sin remordimientos hasta que aprendas. Te sentirás confundida, desolada, intentarás por todos los medios que la relación vuelva a ser como al principio. Seguramente te sentirás **culpable**, pero recuerda que forma parte de su juego. Esa culpabilidad soplará a favor del narcisista y te dejará sin armas con las que defenderte.

Fase de refuerzo intermitente

Lo hemos visto antes como técnica de manipulación, pero en las relaciones de abuso narcisista se da también como fase. El narcisista te halaga, como en la idealización, o te castiga, como en el desprecio, lo que crea en tu vida una montaña rusa emocional que causa mucho dolor y desconcierto, pero a su vez genera la ilusión de que las cosas vuelvan a ser como al principio, para, después, recordarte que te equivocas, que todo lo haces mal, que no tienes ni idea de nada... Se volverá un ser punitivo y dañino.

Te hará entrar en una espiral dolorosa de refuerzo positivo y castigo en la que te sentirás desconcertada, sin saber muy bien qué hacer porque, hagas lo que hagas, nunca sabrás cómo reaccionará. En esta fase también podemos ver que el narcisista aplica técnicas como la **triangulación** para generar celos y desconcierto, **violencia** de muchos tipos, **amenazas** y **control**, para luego volver a **bombardearte de amor**.

Fase de descarte

Esta es quizá la más dolorosa para la víctima. El narcisista te abandonará, quizá porque haya encontrado otra persona a la que aniquilar. Si la has experimentado, sabes a lo que me refiero: después de ese huracán que pasó por tu vida, queda el vacío. No entiendes cómo alguien que te había prometido amor eterno es capaz de desecharte como si fueras una maquinilla de afeitar. Te planteas preguntas del tipo: «¿De verdad no va a volver?», «¿Cómo es posible que no me haya querido?», «¿Hice algo mal?», «¿Necesita ayuda?».

Fase de *hoovering*

Como en el caso del refuerzo intermitente, también esta técnica de manipulación es una fase en el abuso narcisista. En el ***hoovering***, después de un tiempo sin saber absolutamente nada de tu narcisista, este vuelve con la maquiavélica intención de aspirarte de nuevo, es decir, manipularte, hacerte daño. Y lo hará: querrá volver a saber de ti, recuperar la relación, para así tener abiertas de nuevo las puertas de tu vida.

Después de esta fase, si el *hoovering* llega a realizarse, el ciclo de abuso podrá repetirse todas las veces que el narcisista quiera, ya que decidirá cuándo abandonarte y cuándo volver a tu vida.

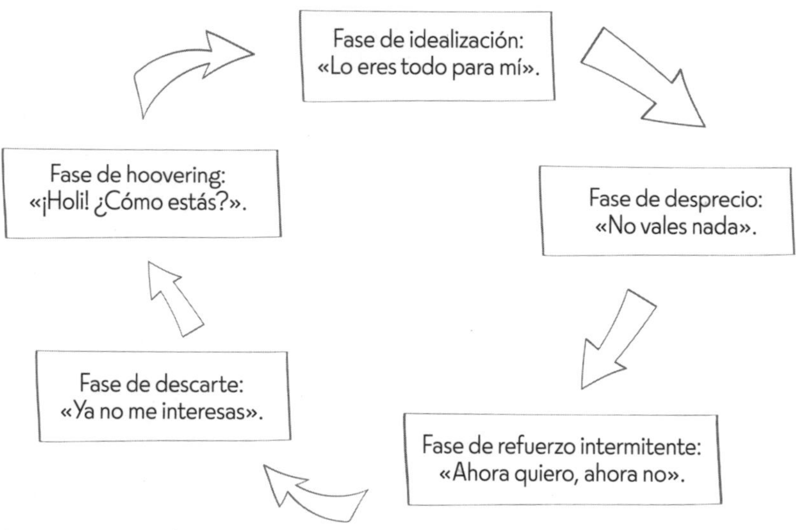

Estas fases pueden darse en otro orden o no darse todas. Por ejemplo: puede que seas tú la que descarte al narcisista. En casi todas las relaciones de abuso narcisista suele haber fases: idealización, refuerzo intermitente y desprecio. Puede que el narcisista nunca vuelva porque haya encontrado otra víctima, o quizá no le dé tiempo a descartarte porque lo has hecho tú antes. Pero recuerda: si en tu relación con esa persona has vivido maltrato y malestar, con eso nos tenemos que quedar.

* * *

Estas son las fases que caracterizan una relación de abuso narcisista. No tienen que presentarse en el mismo orden en que están aquí planteadas, pero el ciclo se repite siempre más o menos de la misma manera. El vínculo marcará que se den de una forma u otra. No es lo mismo una relación de familia que una relación de trabajo, de pareja o de amistad, pero todas siguen un mismo patrón: la devaluación y el refuerzo intermitente.

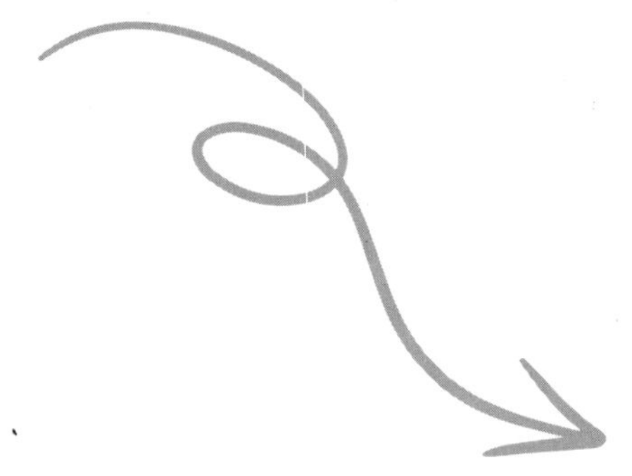

8

Consecuencias de una relación de manipulación narcisista

Después de haber vivido una relación de este tipo, seguramente te haya quedado algún tipo de secuela; no hay duda de que las consecuencias de pasar por vínculos de esta índole no dejan indiferente a nadie.

Secuelas del abuso emocional

A continuación voy a mostrarte las posibles consecuencias que resultan de haber vivido una relación de abuso o manipulación.

Indefensión aprendida

Este fenómeno ha sido muy estudiado en psicología por Martin Seligman. Explica que, cuando una víctima ha sufrido castigo constante, al final termina por no defenderse, deja de oponerse al abuso y acepta que el maltrato o la manipulación forman parte de su vida.

Pérdida de la identidad

Cuando pasas tanto tiempo al lado de alguien que te dice qué tienes que hacer, cómo hacerlo, qué puedes o no decir, opinar, elegir..., es normal que sientas que no sabes quién eres, lo que te gusta o qué decisiones tomar. La persona que te ha tratado mal ha tomado hasta tal punto el control de tu vida que, cuando dejas de relacionarte con ella, sientes un vacío.

Síndrome de Estocolmo

Se define como un fenómeno psicológico bastante incongruente: la persona secuestrada desarrolla un vínculo emocional con su secuestrador, es decir, con quien le causa malestar físico y emocional, ya que la priva de lo más valioso, la libertad. De la misma manera, mantienes con el narcisista un estrecho vínculo de amor, posiblemente incondicional. Cuando la relación llega a su fin, lo echas de menos... Parece irónico, pero no lo es. Extrañas el vínculo en el que has sufrido abuso, violencia y manipulación, y una parte de ti desea volver a estar con esa persona.

Disonancia cognitiva

Este fenómeno famoso en la psicología viene a explicar que sientes una discordancia entre lo que haces y tus valores o creencias, como si tu cabeza te avisara de que lo que estás haciendo es perjudicial para ti, pero sigues haciéndolo. Es como cuando fumas y sabes que es perjudicial para la salud: haces todo lo posible para buscar argumentos que te permitan seguir haciéndolo, a pesar de que sabes que, en el fondo, es malo.

Irritabilidad

Es posible que sientas que todo te afecta más de la cuenta, que tus emociones están a flor de piel, que lo que antes no te perturbaba ahora sí lo hace. Puede que te notes irascible o que sientas que no te soportas ni a ti misma.

Aislamiento

Tras vivir situaciones que, de alguna manera, sabes que no te merecías, que no comprendías, que te han hecho daño, cabe la posibilidad de que quieras o necesites aislarte un tiempo. Por un lado, relacionarte con las personas de tu entorno implica un esfuerzo, ya que tu estado anímico se puede ver afectado o deteriorado. Por otro, sientes que tienes que dar explicaciones de lo que has vivido o de por qué has aguantado tanto, y eso es algo que, en este momento, no puedes gestionar. La solución para conectar con ese malestar es evitarlo, aislarte del mundo.

Necesidad de aprobación

Es difícil mostrarse indiferente ante un vínculo en el que has estado recibiendo machaque psicológico de forma reiterada. Una de las consecuencias que se dan después de vivir una situación de esta índole es la necesidad de aprobación por parte del entorno. Quizá antes de vincularte con la persona que te ha estado manipulando ya tenías una autoestima frágil, pero esta relación ha terminado de destruirla. Por ello, cuando se acaba, es posible que sientas la necesidad de que la gente de tu entorno te refuerce y te acepte de forma incondicional.

De alguna manera, estás tratando de reparar el daño tan profundo que te ha producido la persona que te ha estado manipulando durante tanto tiempo.

Ansiedad

La ansiedad no es tu enemiga, aunque lo vivas así. Es como una alarma que te avisa de que hay algo en tu vida que no va bien, al menos no como debería. Cabe la posibilidad de que, durante la relación en la que has sufrido abuso o manipulación, hayas sentido ansiedad, pero ¿por qué la sientes cuando se acaba? Porque esa persona ha dejado tu vida patas arriba, al menos parte de ella. Tu ansiedad te está diciendo: «Nena, venga, ponte a ordenar este desastre». Te quiere cuidar, desea que te hagas cargo del dolor, de procesar lo que has vivido, de que te ocupes de ti como mereces. Como suelo decir: «Como la reina que eres». Te invito a que, cuando aparezca la ansiedad, te pares a escucharla, averigües qué te quiere contar, qué mensaje tiene para ti, o por lo menos que trates de identificar de dónde viene. Si necesitas ayuda, no temas pedirla para trabajar con ella, pero recuerda que quiere cuidarte.

Depresión

Después de vivir situaciones en las que no entendías qué estaba pasando, en las que gastaste toda tu energía para ayudar, comprender y complacer, es normal que sientas desgaste emocional, incluso físico. Todo lo que has vivido ha hecho que probablemente te desregules y te deteriores, y es posible que sientas una tristeza profunda acompañada de preguntas como: «¿Por qué a mí?», «¿Cómo me ha podido pasar esto?», «¿Por qué me hizo tanto daño, si yo le quería?», «¿Por qué me ha descartado?», «¿Acaso le importé en algún momento?», «¿Fui importante para él?». Después de todo lo que has dado y has hecho por él y por la relación, te puedes sentir desgastada, abandonada, humillada, y esto puede hacerte entrar en una espiral de tristeza o perder la ilusión por cosas que antes te gustaban.

Consumo de sustancias

Es posible que, después de la brutalidad que has vivido, de alguna forma busques a toda costa desconectarte del dolor. Anestesiarte de tu cabeza y tus emociones puede ser una gran idea si la última etapa de tu vida te la has pasado sufriendo. De manera que pruebas algo que te haga estar medianamente bien, ya sean ansiolíticos, tabaco, alcohol o cualquier otra droga que te genere la falsa sensación de bienestar o, al menos, de evasión. Esta desconexión de tu cuerpo y tu dolor puede generar dependencia, ya que el mejor momento del día es cuando consumes esa sustancia que te hace dejar atrás tus pensamientos y sensaciones de malestar. Por eso es más frecuente de lo que se cree que, después de una relación así, te enganches a sustancias con tal de buscar la evasión total del dolor que supone haber vivido algo de esa magnitud.

El bucle de repaso de la relación

Esta situación es frecuente cuando intentas dar una explicación lógica a lo que has vivido, aunque quizá no la tenga.

Quieres entender qué hiciste mal, así que repasas conversaciones y situaciones tratando de darles sentido o comprender si lo que pasó fue culpa tuya. Cuando logramos entender la situación vivida, en parte podemos procesarla mejor. En relaciones en las que ha habido malestar y manipulación, quizá te cueste encajar determinadas situaciones, así que tu mente la repasa una y otra vez tratando de procesar lo que vivió.

Trastorno de estrés postraumático

Más conocido como TEPT, es un estado que desarrolla la persona que ha vivido un suceso traumático fuerte —agresión, violencia, accidente, desastre natural, atentado...— en el que no es capaz de procesar e integrar lo vivido, y eso desemboca en *flashbacks* en bucle sobre el momento traumático, pesadillas o pensamientos catastrofistas sobre el presente relacionados con lo que vivió (por ejemplo, miedo a conocer a alguien que la maltrate). También puede reflejarse en que busca a toda costa la evasión, tratando de evitar personas, lugares u objetos que le recuerden a esa situación: síntomas de hipervigilancia, que la sobresalte cualquier ruido o golpe, dificultad para dormir, problemas a la hora de recordar detalles del evento traumático, pérdida del interés por algo que solía disfrutar antes del suceso, problemas para concentrarse... Como ves, la sintomatología del TEPT es compleja y variada. Te recomiendo que, antes de autodiagnosticarte, si te ha resonado algo mientras leías estas líneas, busques a un profesional de la salud mental especialista en este tema.

Amnesia disociativa

Esta secuela es poco conocida, pero suele darse en casos en los que ha habido mucha manipulación, incluso se ha intimidado a la víctima. ¿Te ha pasado alguna vez que, tras un episodio grave de violencia o una relación en la que has vivido situaciones de este tipo, te costara recuperar recuerdos o acordarte de lo vivido, como si no hubiese sucedido o como si fuera algo muy lejano, cuando los hechos ocurrieron hace poco y, en teoría, deberías ser capaz de recuperar esos recuerdos sin problema? Si te ha pasado, es posible que hayas sufrido o estés sufriendo amnesia disociativa. A diferencia de la perversa, en esta no puedes recuperar los hechos traumáticos de manipulación y violencia, pero tampoco lo bueno, es decir, información sobre ti o sobre otras cuestiones que quizá no estén relacionadas con esa situación en concreto. Sin embargo, en la amnesia perversa tiendes a recordar solo los buenos momentos porque dejas de estar en contacto con los malos y el cerebro, por supervivencia, tiende a buscar los estímulos placenteros. Esta es la diferencia.

* * *

Acuérdate de no tratar como prioridad a quien te trata como su última opción.

Después de una relación con alguien que te manipula de esta manera, tu vida se queda vacía, como si hubiese perdido el sentido. Experimentar todo lo que te acabo de contar, caer en sus garras y sufrir no deja indiferente a nadie.

Imagino que estará siendo duro darte cuenta de muchas cosas, abrir los ojos, conectar con sensaciones o situaciones difíciles de digerir. Tómate el tiempo que necesites para reflexionar, ser compasiva contigo y entender que nada de lo que viviste fue culpa tuya. Seguramente habrás sobrevivido a situaciones difíciles y complicadas, y recuerda que esta información es muy valiosa, ya que es el primer paso para salir de relaciones que no te hacen bien.

Hasta el momento has podido conocer y adentrarte en la mente de un narcisista, has descubierto todas las técnicas de manipulación y has aprendido cuáles son las fases del abuso. Con toda esta información, vamos a avanzar a la siguiente y última parada que, ya te adelanto, será esperanzadora. Aunque parezca que todo está perdido, no es así. De hecho, sucede todo lo contrario. En el siguiente bloque te enseñaré qué puedes hacer para protegerte de estas relaciones dañinas y volver a estar bien, porque siempre hay luz al final del camino.

Cuarta parada

¿Cómo salgo de aquí? Técnicas de afrontamiento y resistencia

Tú eras la piedra en el zapato que me hacía daño al caminar. Ya no tengo esa piedra, pero me ha quedado una herida que necesita tiempo y amor para curarse. Llegará el día en que solo haya una pequeña cicatriz. ¿Y sabes qué? Dejará de doler, te lo aseguro.

A partir de aquí, todo lo que te planteo son soluciones para desenvolverte en circunstancias difíciles, para que aprendas a gestionar tu dolor y a procesar situaciones complicadas. Es normal que, llegados a este punto, sientas que ha sido duro, pero te prometo que de ahora en adelante todo va a cambiar.

En esta parada voy a ofrecerte todas las herramientas que me han funcionado para que también te ayuden a ti. Espero que te sientas acompañada, que todos los recursos que te planteo te permitan salir lo mejor posible de una relación de abuso. Ojalá esta parte sea un abrazo que te transmita calma y esperanza, y que puedas volver a ser tú, sentirte libre y disfrutar de todo lo que siempre te hizo feliz.

¿Qué hago si soy o he sido víctima de manipulación y abuso narcisista?

Sé lo duro que ha tenido que ser vivir algo así. Te das cuenta de que la vida, el mundo, sigue, nada se detiene, pero algo en ti se ha roto en pedazos, algo imperceptible quizá para el resto. «¿Y ahora qué hago? —te preguntarás—. ¿Cómo arreglo todo esto?». Ahora toca trabajar contigo, desde lo más profundo de tu ser, para que, si vuelves a encontrarte con alguien que quiera hacerte daño, le cueste mucho más que al narcisista anterior. Es como aprender a ponerse un escudo protector: nadie te garantiza que no te vayas a caer de nuevo, pero esta vez intentaremos que te hagas menos daño.

El relato de Rosa

Recuerdo que estaba destrozada. ¿Cómo alguien que se supone que te quiere tanto te deja así? ¿Qué le había hecho yo para que me tratara con semejante desprecio? Me sentía como una mierda, así te lo digo. Mi vida ya no tenía valor, me sentí humillada, pequeña, desamparada. Sin embargo, me daba la sensación de que él, sin mí, era la persona más feliz del mundo. No se dignó a llamarme, a mí, que estaba desesperada por hablar, aunque fuera de temas insignificantes. ¿Cómo pudo hacerme eso?

Lloré, creo que todos los días, durante un mes. Lloré desconsoladamente, y gritaba; parecía una loca, te lo juro. En el fondo sentía que no me lo merecía, y una voz en mi interior me decía: «No merece ni una lágrima más». Entonces, como por arte de magia, un día me desperté y se me habían secado las lágrimas (en realidad, tengo una teoría: cada persona tiene un cupo de lágrimas, y el mío ya estaba cubierto). Fui al baño, me lavé la cara, me puse cincuenta capas de rímel, salí a la calle, observé la luz del sol —el que siempre había estado ahí, pero yo no podía ver por la profunda tristeza que sentía—, y empecé a vivir, pero esa vez de verdad.

Es posible que, como Rosa, te hayas sentido alguna vez en una situación así. A partir de ahora te contaré todo lo que sé que funciona para que te encuentres mejor y que nada ni nadie pueda hacerte daño sin que cuentes con herramientas para defenderte. Vamos allá.

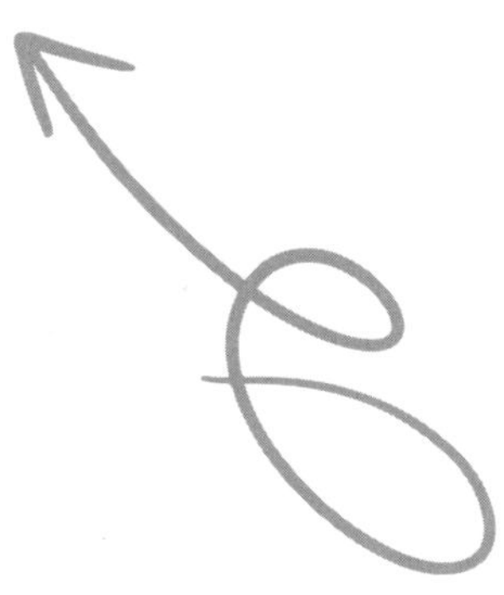

9

Cómo relacionarte con personas que te manipulan en catorce pasos

Quizá esta sea la pregunta del millón: ¿qué puedo hacer para salir de una relación en la que me están manipulando?

O peor aún: ¿qué puedo hacer para relacionarme con alguien manipulador o narcisista?

Esta es una de las cuestiones que más me plantean, y la respuesta no es tan sencilla como parece.

Seguramente lo mejor que alguien te puede decir sea «Déjale, no vuelvas a verle», pero las cosas no son tan fáciles.

¿Qué pasa cuando la persona que te manipula es tu madre, tu hermano o un compañero de trabajo? ¿Qué pasa cuando tienes que seguir manteniendo el contacto con quien te manipuló?

Por eso voy a contarte lo que puedes hacer si tienes que mantener la relación para que te sea lo más leve posible.

Paso 1: Sé consciente de que te están manipulando o te han manipulado

> Amurallar el propio sufrimiento es arriesgarte a que te devore desde el interior.
>
> FRIDA KAHLO

Parece obvio, pero no lo es. En ocasiones, estás en una relación manipuladora y no eres consciente del todo, o a veces no quieres verlo. En la parada anterior te he dado pistas para que averigües si estás o has estado en una relación manipuladora o de abuso narcisista, así que, con esa información, te invito a que mires en tu interior y te preguntes:

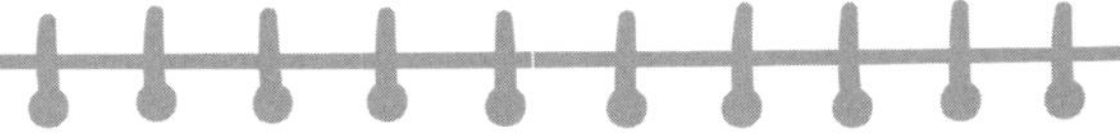

- ¿Qué tipo de relación he vivido/estoy viviendo?
- ¿Cómo me he sentido/me siento en la relación?
- ¿Había/Hay en ella espacio para mí, para expresar cómo me sentía/siento y lo que necesitaba/necesito?
- ¿Qué he permitido?
- ¿Cómo me he sentido al vivirlo?

Conectar con cómo te has sentido o te sientes en la relación —dar espacio a esa voz que te cuente cómo has estado, cómo te has sentido…— es crucial, un paso firme para ser consciente y comprender lo que has vivido. Recuerda que conectar con tu historia y ponerle nombre es el primer paso para manejarlo lo mejor posible.

Paso 2: Trata de hacerle ver que te está manipulando

Te aviso: cabe la posibilidad de que no lo reconozca. Si hablamos de un perfil narcisista, es casi imposible; como ya te he explicado, el narcisista no es consciente de que tiene un problema. Partiendo de esa base, independientemente de lo que le pase a la otra persona o cómo sea, lo importante en todo esto eres tú. Es necesario que le traslades cómo te hace sentir, porque solo así podrás demostrarte que tus sensaciones y emociones tienen valor. Siempre digo que los vínculos son bidireccionales, damos y recibimos. Comunicar desde tu malestar, conectando con cómo te hace sentir, la mayor parte de las veces es una buena opción, pero antes quiero que te detengas y respondas a esta pregunta: ¿crees que la persona va a escuchar y recapacitar sobre lo que le tienes que decir?

Si la respuesta es sí, adelante. Te voy a enseñar una forma de comunicarte que puede ser efectiva y ayudarte con esto. En cambio, si tu respuesta es no o no lo sé, quizá sea un buen momento para plantearte en qué relación estás y cómo puedes gestionar ese vínculo.

A continuación voy a ofrecerte una técnica efectiva que puede ayudarte a decirle que te está manipulando:

Esta es una técnica de asertividad superútil que sirve para expresar cómo te sientes y qué necesitas sin acusar directamente a la otra persona, hablando desde el yo. En muchas ocasiones, cuando discutimos con alguien, tendemos a decirle «Es que tú tal, es que tú cual», acusándolo, y claro, se lo toma como un ataque, no como una crítica constructiva. De esta forma, es muy probable que la persona que tienes delante no quiera escucharte. Con esta técnica vamos a tratar de hacer lo contrario: vas a hablar desde cómo te ha hecho sentir la situación, en este caso, la manipulación. Veámoslo con ejemplos:

Si alguien te hace refuerzo intermitente	«Me llevo una decepción cuando un día me hacen mucho caso y al otro pasan de mí».
Si alguien te hace cortina de humo	«Me siento frustrada cuando trato de explicar cómo estoy y no me escuchan».
Si alguien te hace silencio castigador	«Me desilusiono cuando no me explican qué pasa y simplemente me retiran la palabra».
Si alguien te hace efecto espejo	«Me siento confundida cuando me acusan de algo que no he hecho».
Si alguien te controla	«Me agobio cuando me parece que no tengo libertad para hacer lo que quiero».

Si te fijas, si te defiendes en primera persona y hablas de situaciones concretas, es más sencillo que el otro no se lo tome como un ataque, baje las defensas y te escuche. Pero recuerda que hay ciertos perfiles, como los que te he mencionado, que son batallas perdidas. En ese caso, ahorra energía y dedícala a lo que puedas solucionar.

Paso 3: Técnica del banco de niebla

El banco de niebla consiste en dar, en parte, la razón a quien trata de manipularte, pero defendiendo tu punto de vista. Esta técnica funciona a la perfección con personas que, por ejemplo, intentan hacerte el abuso reactivo, es decir, que esperan que saltes. Quizá tu primera reacción sea saltar, pero plantéatelo en serio: ¿le vas a dar ese placer y vas a caer en su trampa?

El objetivo es que recuperes el control. ¿Cómo? Tu estrategia será simple y clara: parecerá que le das la razón, pero, en realidad, estarás defendiendo tu punto de vista.

Voy a ponerte un ejemplo: tu jefe te dice, delante de todo el equipo, que eres muy lenta, que tienes que trabajar más rápido, a lo que le contestas: «Sí, en realidad estoy usando un nuevo método de trabajo que, aunque me hace ir más lenta, es mucho más eficaz y me ayuda a terminar el trabajo tal y como nos lo pides». Si te fijas, en parte le estás dando la razón, pero al mismo tiempo estás defendiendo que tu trabajo es impecable.

Otro ejemplo: tu madre te dice que eres una inútil porque no sabes cocinar, y tú le contestas: «Sí, en realidad me he comprado un robot de cocina que me soluciona todas las comidas, y así no me tengo que preocupar por nada. Con esto no hace falta aprender a cocinar». Aquí estamos viendo de nuevo que parece que le das la razón, pero en realidad estás defendiendo que no necesitas aprender a cocinar y que, por ende, no eres una inútil, pero de forma muy sutil.

Vamos a practicar.

Caso 1. Tu vecina te dice que ya has cumplido los treinta y que nadie va a querer casarse contigo.

Tú le contestas: ______________________________

____

____

____

____

Caso 2. Una amiga te dice que la chaqueta que llevas es horrible, que parece de tu abuela.

Tú le contestas: ______________________________

____

____

____

____

Posibles respuestas a tu vecina:

- «Sí, he cumplido los treinta, pero no estoy buscando marido. Gracias por preocuparte tanto por mi futuro».
- «Sí, la verdad es que, más que querer casarme, me muero por adoptar otro gato, pero muchas gracias por el recordatorio».

Posibles respuestas a tu amiga:

- «Muchas gracias, tía, era justo lo que buscaba, darle un toque *vintage* a mi look de hoy».
- «Ay, tía, qué halago, porque mi abuela viste genial, es un referente para mí».

Paso 4: Observa su conducta

En el capítulo 4 te mencionaba que es importante que te tapes los oídos y observes la conducta de las personas de tu entorno. Te propongo el siguiente ejercicio: si no sabes si la persona que te está pidiendo perdón es sincera al decirte que va a cambiar, que está arrepentida y que hará lo que sea por volver a tu vida, observa su comportamiento. Para ello, utiliza la siguiente tabla, en la que, a lo largo de las semanas, podrás ir anotando lo que te dice y cómo te trata. Voy a incluir algunos ejemplos, pero rellena tú las celdas en blanco.

Sus palabras	Su conducta
Me ha pedido perdón.	✓ Intenta hablarme desde el respeto.
Me promete que se fía de mí.	✗ Ha vuelto a registrarme el móvil.
Dice que esta vez será diferente.	✗ Ha vuelto a dejarme en ridículo delante de la gente.
Me ha dicho que esta vez será independiente.	✗ Me ha vuelto a pedir dinero.

El objetivo es que vayas analizando su conducta a lo largo de las semanas para ver si cuadra lo que dice con cómo se comporta, ya que la mayor parte de las veces nos dejamos llevar e influir por las promesas. Te recuerdo que necesitas hechos, cambios, intencionalidad de mejorar. Por eso este ejercicio es útil para observar con perspectiva y no dejarte llevar por promesas que quizá nunca se cumplan.

Paso 5: Técnica de la pregunta reflexiva

En realidad, con este paso queremos que la otra persona se plantee lo que te está diciendo. Cuando alguien quiere hacerte daño, te habla de forma hiriente. En ocasiones lo hace a conciencia, pero otras veces no. No voy a entrar en eso porque solo quiero explicarte cómo puedes defenderte. ¿Qué crees que pasaría si le devolvieras lo que te está diciendo en forma de pregunta? Pues que la persona se pondría en evidencia. Tanto si hay gente delante como si no, es un método efectivo para que sea consciente de lo que te está diciendo y se descubra el pastel.

Veámoslo con un ejemplo:

Si alguien te dice: «Pareces una inútil cuando no te sale bien esto».

Tú le contestas: «¿Parezco una inútil?».

Otro ejemplo:

Si alguien te dice: «Qué asco das cuando haces ________».

Tú le contestas: «¿Doy asco?».

Si te fijas, al formular la pregunta invitas al otro a ser consciente de que te está insultando de forma deliberada.

Paso 6: Límites

Parto de la base de que esa persona, en algún momento, sobrepasó tus límites, es decir, lo que no estás dispuesta a tolerar. Tus límites son las barreras invisibles que le indican que ahí no puede entrar, esas líneas rojas que bajo ningún concepto nadie debe cruzar.

Marcar límites te ayuda a relacionarte de forma saludable y a sentirte cómoda y segura en tus relaciones. Saber decir que no en el momento apropiado te ayudará a verte más fuerte y tranquila, pero, sobre todo, respetada.

Un límite es la información que le darás a las personas de tu entorno sobre lo que no te gusta o con lo que no te sientes cómoda. Pero lo principal es que tú la tengas clara.

Para establecer tus límites, lo primero que debes hacer es reconocerlos.

Vamos a elaborar tu lista de límites. Piensa en las últimas veces que te has enfadado —una emoción muy valiosa, ya que nos aporta información sobre lo que no toleramos o nos parece una injusticia—. Trata de pensar en tus últimos diez enfados y anótalos aquí:

1. ______________________________
2. ______________________________
3. ______________________________
4. ______________________________
5. ______________________________
6. ______________________________
7. ______________________________
8. ______________________________
9. ______________________________
10. ______________________________

Ahora vamos a ver qué que límite hay detrás de cada situación que te ha hecho enfadar. Escríbelos en la lista que te planteo aquí abajo:

1. ______________________________
2. ______________________________
3. ______________________________
4. ______________________________
5. ______________________________
6. ______________________________
7. ______________________________

8. ____________________
9. ____________________
10. ____________________

Por ejemplo: «Me cabreó que contara un secreto mío sin mi permiso». Ese enfado te está indicando que, para ti, la confidencialidad y la lealtad son importantes y necesarias en tus relaciones.

Otro ejemplo: «Me hizo enfadar que me gritara en una discusión». Esto indica que, para ti, es un límite que te traten con respeto y que no te alcen la voz.

Cada persona tiene límites distintos, por eso es imprescindible que te conozcas y sepas cuáles son los tuyos. Este paso te ayudará a relacionarte con personas que intenten comerte terreno. Expresar abiertamente lo que no te gusta, lo que no estás dispuesta a tolerar sin miedo, puede ponértelo un poco más fácil si tienes que relacionarte con perfiles que intenten sobrepasarlos.

Paso 7: Banderas rojas y banderas verdes

Después de ver qué son los límites, vamos a evaluar si estás pasando por alto algo que quizá sea importante para ti. Para ello, te voy a poner ejemplos de algunas conductas y tú las clasificarás en:

- **Banderas rojas:** sobrepasan tus límites, no son de cuidado.
- **Banderas verdes:** de cuidado, amor y respeto.

Ejemplos:

- Te deja de hablar cuando se enfada.
- Cuando haces un plan sin esa persona, te lo recrimina varias veces.
- Valora y aprecia el tiempo que inviertes en la relación.
- Si haces algo mal, no se enfada contigo, sino que te ayuda.
- Te critica constantemente.
- Se lleva bien con tus amistades.
- Se acuerda de cosas importantes para ti.
- Te grita o te insulta cuando tiene un problema contigo.

Ahora añade las que para ti sean banderas rojas y verdes.

Banderas rojas	Banderas verdes

Detectar las banderas rojas y verdes es importante a la hora de relacionarnos, ya que nos ayuda a darnos cuenta de cuáles son los buenos y malos tratos de una relación, y nos lo pondrá fácil a la hora de marcar límites.

Paso 8: Lleva un diario de todo lo que te ocurre

¿Un diario para qué? Para que recuerdes que lo que viviste fue real. En relaciones de manipulación y abuso narcisista, intentarán hacerte dudar de lo que has vivido, de tus recuerdos, incluso de tu cordura. Llevar un diario puede ser clave para no caer en la trampa de la manipulación.

Consiste en escribir cada conducta, cada palabra, cada momento que has vivido, cuanto más literal, mejor. Recuerda que es tu palabra contra la suya, y tu opinión es importante. Lo puedes hacer en notas del móvil, en una libreta o en pósits que tengas por casa; lo importante es que apuntes todas las conductas para que, cuando trate de hacerte dudar, tengas claro lo que viviste.

Paso 9: Derechos asertivos

Un derecho asertivo es lo que te mereces por ser persona. A la hora de relacionarte con los demás, es importante que tengas claros estos derechos para que, si en algún momento tratan de manipularte o hacerte daño, sepas defenderte.

Aquí te dejo mis derechos asertivos. Hay una lista de derechos universales, pero prefiero personalizarlos según las relaciones que han vivido mis pacientes. A continuación te los dejo para que elijas los que más te gusten. La actividad que te propongo es la siguiente: cópialos en pósits y pégalos donde puedas verlos a menudo, para que, durante un tiempo, te recuerden todo lo que necesitas.

1. Tengo derecho a ser tratada con amor.
2. Tengo derecho a que me digan la verdad.
3. Tengo derecho a que me respeten y no me insulten.
4. Tengo derecho a que me cuiden y dejar de ser yo la que cuide de los demás.
5. Tengo derecho a que me quieran bien.
6. Tengo derecho a que me tengan en cuenta.
7. Tengo derecho a que escuchen mi opinión.
8. Tengo derecho a pasar tiempo con la gente a la que quiero.
9. Tengo derecho a no querer hacer un plan.
10. Tengo derecho a la privacidad.
11. Tengo derecho a ser libre.
12. Tengo derecho a decidir qué quiero hacer con mi tiempo y con mi vida.
13. Tengo derecho a no mendigar amor.
14. Tengo derecho a expresar mis emociones.
15. Tengo derecho a dar mi opinión sin ofender a nadie.
16. Tengo derecho a rodearme de personas que me traten bien.
17. Tengo derecho a respetar mis límites.
18. Tengo derecho a no cumplir las expectativas de los demás.
19. Tengo derecho a no dar todo el tiempo y desgastarme.

Estos derechos, y los que te apetezca añadir, te ayudarán a relacionarte con los demás desde el respeto y el amor propio, conectando con tus necesidades. Además, te permitirán poner las cartas sobre la mesa si alguien intenta manipularte.

Paso 10: Técnica del disco rayado

Se llama así porque cuando los vinilos se rayan repiten una canción en bucle. Y esta técnica es bastante metafórica: cuando alguien intente manipularte o llevarte a su terreno, tú, en el mismo tono, repite tu frase todo el rato.

Por ejemplo: imagina que tu ex trata de hacerte *hoovering* desde donde sabe que te duele o que es tu punto débil, intentando darte pena. Te llama porque dice que está enfermo y te pide que lo lleves al hospital. Una parte de ti quizá quiera hacerlo, porque en el fondo te sentirás culpable si le pasa algo, pero la parte que ya ha abierto los ojos sabe que vais a entrar en las mismas dinámicas de siempre y que no merece la pena.

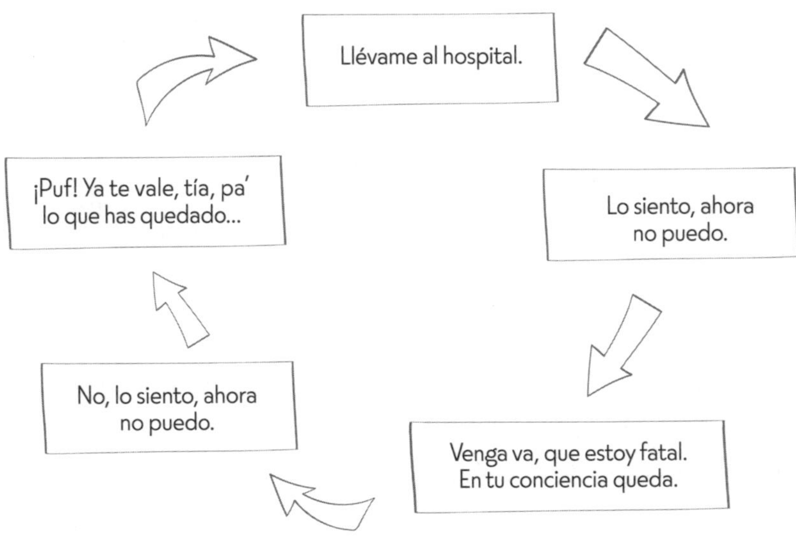

Como ves, la técnica consiste en repetir una y otra vez la misma frase con el objetivo de que se canse y desista, que entienda que no puede hacerlo o que no lo va a conseguir contigo.

Paso 11: Técnica de la piedra gris

Esta técnica te ayudará a tratar con personas manipuladoras cuando no te queda otra que relacionarte con ellas. Consiste en intentar tener el menor número de interacciones posibles con esa persona para no caer en su juego. Las interacciones deben ser cortas e ir al grano, tratar de evitarla a toda costa. Aquí seguramente me dirás: «Pero es que no quiero que piense que la evito». Pero ¿sabes qué? Que me da igual lo que piense, porque aquí la historia va de ti, de cómo te hace sentir y cómo estás tú, y lo que él o ella piense te tiene que importar un pimiento.

Una buena piedra gris también se aplica comunicándote con monosílabos: sí, no, vale, ok y poco más. Cuanta menos comunicación, mejor.

El objetivo es cortar el canal comunicativo o, mejor dicho, reducirlo al máximo para que la persona desista y entienda que ya poco o nada puede hacer contigo y que sus manipulaciones ya no funcionan. Lo importante en esta herramienta es tratar de ponerle la menor emotividad posible. Intenta no ser muy expresiva con las emociones que sientas o lo que te provoque esa persona. Cuanta menos información, verbal y no verbal, obtenga de ti, mejor.

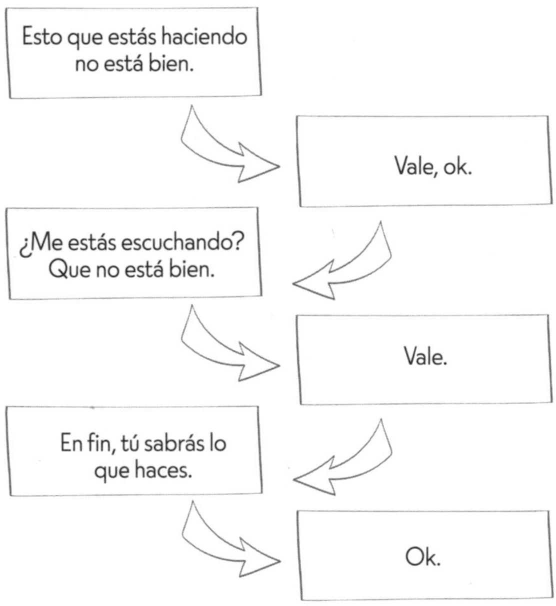

Es importante que elijas cuándo usar esta técnica, cómo y, sobre todo, con qué personas. Si sientes que has probado varios métodos y que ninguno te funciona, este podría ser eficaz.

Paso 12: Aplazamiento asertivo

¿Te ha pasado alguna vez que estabas en una discusión y, por no entrar al trapo o no echar más leña al fuego, la has pospuesto? Pues eso es el aplazamiento asertivo. Cuando te vinculas con personas que tratan de manipularte constantemente, una estrategia que puedes emplear es aplazar la conversación. Así conseguirás ganar tiempo para pensar en todo lo que quieres decir, cómo te quieres defender o que a la otra persona se le pasen las ganas de hablar contigo.

Esta técnica viene a decir que, cuando estás discutiendo, quizá ninguno de los dos os mostréis receptivos a comunicaros de forma sana: respetar los turnos de palabra, escuchar con asertividad o tratar de entender el punto de vista del otro. Entonces, lo mejor es proponerle a la persona con la que discutes o trata de manipularte que es mejor aplazar la conversación o discusión para cuando los dos estéis más tranquilos.

Este ejercicio es tan sencillo como decir en mitad de una discusión que en ese momento no te ves preparada, o no te sientes con fuerzas, para afrontar la conversación y preguntarle si podéis hablarlo en otro momento.

Paso 13: Exposición mental a la manipulación

Ahora que ya sabes bastante sobre manipulación, te explicaré una técnica que utilizo y que, personalmente, me ha servido y ayudado: imaginarme situaciones complicadas, complejas, en las que han intentado manipularme. Antes de exponerme a ellas, solía pensar en cómo serían. Por ejemplo, si tenía una reunión con un jefe manipulador, me imaginaba lo que quería decirle y cómo pensaba hacerlo, y me montaba la película en la cabeza. Lo hacía para empoderarme: me imaginaba diciéndole lo que me molestaba, lo que no estaba dispuesta a tolerar.

Está claro que hay un factor que no podemos controlar, la respuesta de la otra persona, pero prepararte para este tipo de situaciones puede ayudarte a gestionarlas mucho mejor.

Ahora te toca a ti: imagina una situación en la que tengas que enfrentarte con alguien que intenta manipularte. Si lo necesitas, cierra los ojos. Piensa en todo lo que te gustaría decirle, cómo querrías comunicárselo, dibuja mentalmente la situación. La clave de este ejercicio es que te visualices empoderándote, hablando como te gustaría, tal como lo piensas, defendiéndote, esa es la clave.

Paso 14: Traza un plan de escape

Con esta técnica también quiero que uses la imaginación. Diseña un plan de escape, escríbelo, proyéctalo en la cabeza e imagínate poniéndole ese límite. Empodérate con esa imagen. No tienes por qué llevarlo a cabo; con que la idea esté en tu cabeza es suficiente.

Por un lado, sería genial que te imaginaras teniendo una conversación con esa persona mientras le dices que vuestra relación ha terminado. Si es un familiar, imagínate explicándole que solo le dirigirás la palabra en encuentros familiares. Si es una amiga, que le dices cómo te hace sentir cada vez que estáis juntas, todo el daño que te ha hecho o las manipulaciones que te ha infligido.

Si es tu pareja, la conversación puede ser parecida, y verbalizar todo aquello por lo que te ha hecho pasar. Te puedes imaginar cogiendo las maletas y marchándote, o escribirle una carta con los motivos por los que te vas… Replícalo en tu cabeza las veces que haga falta o anótalo paso a paso.

Aquí te dejo unas líneas para que puedas trazar tu plan de escape.

Ejemplo:

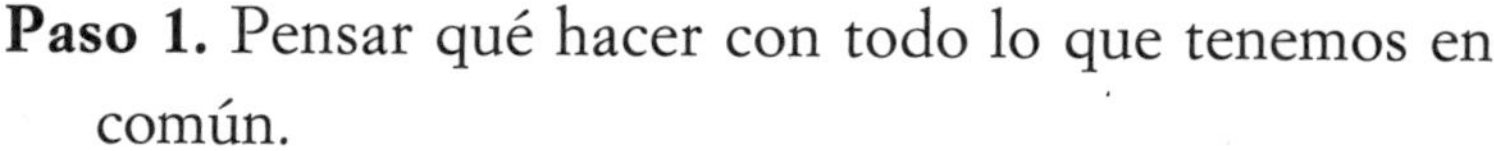

Paso 1. Pensar qué hacer con todo lo que tenemos en común.
Paso 2. Averiguar si quiero mantener una conversación de cierre y, de ser así, cuál.
Paso 3. Imaginar todos los impedimentos que me pondrá y cómo los gestionaré.

Ahora tú:

Paso 1. ______________________________

Paso 2. ______________________________

Paso 3. ______________________________

* * *

Hasta aquí te he explicado algunas de las técnicas que puedes usar para relacionarte con perfiles manipuladores y abusivos cuando no te queda más remedio. La clave es gestionarte para que, cuando quieran hacerte daño, sientas que tienes herramientas para no caer en sus nocivas garras. Recuerda que no puedes controlar lo que hacen los demás, pero sí gestionar lo que haces tú y cómo te sientes. La importante en esta historia siempre eres tú.

Por otra parte, hay relaciones que, por suerte para ti, llegan a su fin. Los ejercicios y técnicas que planteo a continuación te ayudarán a que seas capaz de cerrar esa relación en condiciones y poner el foco en ti para recuperar tu esencia, tu poder.

10

Cómo superar una relación de manipulación y abuso

A continuación te comparto los ejercicios y las técnicas que suelo usar con mis pacientes en terapia cuando, por suerte, termina esa relación que les ha causado tanto dolor. Estas herramientas te ayudarán a no volver a caer en el engaño y la trampa de relaciones que, a estas alturas, ya sabes que no te hacen ningún bien. Ahora el foco lo vamos a poner en ti, ¿preparada? Vamos allá.

Herramienta 1: Lista negra

> Después de una relación así, una no vuelve a ser la misma, y menos mal.

Sé que lo que has vivido es doloroso, y por eso no vamos a dejar que caiga en saco roto. Este ejercicio se lo recomiendo a las pacientes que han vivido historias seguramente parecidas a la tuya. Es el primer paso: tomar conciencia real del infierno que has vivido. Ponerlo por escrito te ayudará a integrarlo mejor, a ver lo que viviste en realidad. Tómate el tiempo que necesites para reflexionar sobre lo vivido. Sé que es doloroso, pero créeme: es necesario.

Ahora coge un lápiz y escribe en la lista todas las conductas que tuvo contigo que te hicieron daño: las veces que te dejó tirada, que se rio de ti y de cómo te sentías, que te dejó en ridículo, que te gritó, que te humilló… En resumen, todas las veces que te hizo daño. Las vas a escribir para que, cuando te entren ganas de escribirle o le eches de menos, releas esta lista. El objetivo de esta tarea es que no te apetezca retomar la relación con una persona que no te trató bien.

Ejemplo: «El día que me dejó llorando toda la tarde y luego me dijo que estábamos así por mi culpa».

La lista puede ser infinita. Intenta recordar con detalle todos las situaciones que te hicieron daño para que, cuando tengas ganas de volver, cojas fuerzas de aquí. Es importante que la tengas a mano para recuperarla las veces que haga falta. Si es necesario, cópiatela en una libreta, en notas del móvil, pégala en un espejo o en lugares donde puedas verla. Si encontrártela en todas partes te hace daño, guárdala en un cajón en el que sepas qué hacer con ella.

Sé que quizá todo esto no sea suficiente. Si es el caso, aquí tienes una tarea extra que refuerce el ejercicio: si te apetece escribirle o llamarle y ves que la lista negra no te sirve, utiliza a tu **persona comodín**, aquella amiga que sabe por lo que estás pasando. Puedes compartir la lista con ella para que esté al tanto. Cuando te apetezca llamarle o escribirle, habla con ella o mándale audios para que te recuerde por lo que has pasado. Si es necesario, llora con ella. Apoyarte en tus seres queridos te ayudará muchísimo.

Herramienta 2: Contacto cero

Supongo que a estas alturas te habrán hablado del contacto cero miles de veces.

Es probable que no sea lo que más te apetezca... Seguro que preferirías mantener la relación, aunque duela, porque, claro, qué fácil es decirlo y qué difícil es despedirte para siempre de una madre, un novio, un hermano, una amiga o una persona que ha sido especial en tu vida. Querríamos borrarla de un plumazo, como si tuviéramos una goma y pudiéramos eliminar su paso por nuestra vida.

Sé que su huella muchas veces es profunda por este motivo.

A continuación te cuento cómo puedes aplicar el contacto cero para que sea lo más efectivo posible. Asume que te va a doler, eso no te lo quita nadie, pero cómo lo hagas hará que duela más o menos. Es muy importante que tengas claro por qué lo estás aplicando.

- Retira el contacto de todas partes: redes sociales, WhatsApp…
- Deja de frecuentar sitios donde sabes que te lo puedes encontrar.
- Evita la relación con amigos comunes.
- Desahógate hasta un punto, pero sin entrar en el bucle de hablar de esa persona todo el tiempo. Al final, la mantienes viva en tu cabeza.
- Cuando te vengan recuerdos bonitos, trata de apartar ese pensamiento o distanciarte de él. Escribe el recuerdo en un papel y guárdalo en un cajón para abordarlo en otro momento. Así sentirás que has dado espacio a ese pensamiento, pero no te enredarás en él.

Ten en cuenta que hay un factor que no depende de ti, que no puedes controlar: que la persona quiera ponerse en contacto contigo. Si pasara, es decir, si aplicando todo lo que te acabo de contar, por lo que sea, lo lograse, pon en práctica las técnicas que te he explicado en el bloque anterior: la piedra gris o el disco rayado. Recuerda que, cuantas menos interacciones con esa persona, mejor. Así no refuerzas la conducta de contactar de nuevo contigo.

Herramienta 3: Encontrarle el sentido

Es posible que, tras una relación de este tipo, te quedes destrozada, no sepas qué rumbo tomará tu vida o ni siquiera encuentres un motivo para seguir. Este ejercicio va justo de eso. Te recuerdo que no estuviste en esa relación porque fueras tonta, para nada. Eres una persona valiosa y empática, y por eso seguiste con él.

Este ejercicio consiste en averiguar por qué aguantaste tanto. Quizá el sentido sea que la persona que te manipulaba era tu madre, tu hermano o un jefe al que no podías mandar a freír espárragos, que estabas muy enamorada de esa persona o que al principio aparentó ser alguien que en realidad no era.

Por ello te invito a que te plantees —si quieres, mientras lees estas líneas o en otro momento— cuál fue el motivo que te llevó a estar en una relación así. Encontrarle el sentido te ayudará a cerrar este capítulo de tu vida, y quizá a cambiar de libro.

Puedes escribirlo aquí.

El motivo por el que aguanté en una relación así fue:

Con este ejercicio trabajamos un poco el lenguaje autocompasivo, aunque más adelante lo veremos en profundidad.

Herramienta 4: Carta de despedida

Es duro procesar lo que has vivido. Quizá haya durado poco o tal vez bastante, digamos que lo suficiente para que esa persona deje huella en tu vida, una herida que, durante un tiempo, dolerá, pero luego se convertirá en cicatriz y, como dice Anabel González, las cicatrices no duelen. Nos recuerdan que un día hubo dolor, pero ya no, y aunque cuando mires te acuerdes de que una vez dolió, créeme: dejará de hacerlo.

Este ejercicio es complejo, lo sé, quizá más de lo que parece, pero es importante para romper con esa persona y que, de alguna forma, la expulses de tu vida. La carta que te planteo a continuación te ayudará a dar un paso más para cerrar esa relación que tanto daño te hizo. La carta consta de tres partes:

1.ª **Los motivos por los que estuviste en esa relación (repito, de cualquier tipo).** Es decir, su parte buena. Quizá me digas: «Pero, Déborah, ¿te has vuelto loca?». Y es que todo esto tiene una razón de ser. Tenemos que darle a tu cerebro una explicación lógica y coherente de por qué te quedaste en un vínculo en el que te hicieron daño. Es como dar una explicación o justificación de por qué estuviste ahí. Puedes partir del ejercicio anterior, del motivo por el que aguantaste, y buscar los buenos momentos que viviste, porque seguro que hubo una parte buena. Trata de recordarla. Quizá te remueva un poco. Es normal, tranquila, puedes tomarte tu tiempo.

2.ª **Los motivos por los que bajo ningún concepto volverías a esa relación.** Si quieres, aquí puedes coger la **lista negra** y recordar todo el daño que te hizo. También puedes escribir cómo te sentiste, las emociones que experimentaste durante el tiempo que pasaste con esa persona, en resumen, todo lo desagradable. Esta parte de la carta es para darle un sentido a la despedida, para que tu cerebro entienda que no merecía tu afecto, atención o cariño, y que ya no tiene espacio en tu vida.

3.ª **Cómo quieres que sea tu vida a partir de ahora, proyéctate.** Esta es mi parte preferida. Imagina cómo quieres que sea tu vida a partir de ahora, dentro de tres meses o de nueve, dentro de un año o de cinco. Decídelo tú.

Lo importante es que proyectes cómo va a brillar tu vida a partir de ahora, qué te gustaría que pasara: quizá puedes retomar ese *hobby* que has dejado aparcado o esa clase a la que tanto te apetecía apuntarte. Tal vez sea un buen momento para escribir a tus amigas y hacer un viaje que te haga mucha ilusión, o mudarte y empezar de cero. Pueden ser cosas pequeñas, como tiempo de autocuidado: darte un masaje, leer libros pendientes, escuchar los pódcast que dejaste en el tintero…

Todo lo que decidas hacer por ti estará bien. La cuestión es encontrar una nueva ilusión, algo con lo que proyectar el futuro de forma optimista, sobre todo imaginándotelo sin esa persona ♥.

Cuando termines la carta, haz con ella lo que quieras: puedes quemarla, guardarla en un cajón y retomarla cuando la necesites o esconderla bajo llave. Pero no es buena idea que se la des. Esta carta es por y para ti. Solo puedes dársela si lo ves conveniente o crees que puede irte bien para cerrar y sanar. Por experiencia, casi nunca es buena idea mandársela, ya que es volver a abrir el canal de comunicación y, posiblemente, dar paso a que la persona te lo reproche o inicie una discusión. Tengo pacientes que me han dicho: «Déborah, necesito dársela porque para mí es un cierre definitivo». Bueno, aquí lo crucial es que te des lo que necesitas en cada momento. ¿Necesitas dársela? Piénsalo y toma tus propias decisiones ☺. Recuerda que el objetivo es hacer un cierre en condiciones, así que todo lo que necesites estará bien.

Herramienta 5: Entierro

Vístete de negro (o del color que te dé la gana), porque nos vamos de entierro. Como lo oyes, vamos a hacerle un entierro con todo el sentido del mundo. Piensa que esa persona ya no formará parte de tu vida, esperemos que nunca más. Cuando alguien muere, le das sepultura y te despides de ella, así que vamos a hacer lo mismo con esa persona que, para ti, ha pasado a mejor vida.

Para este ejercicio, es importante que cojas todo lo que tengas de él: fotos, cartas, regalos, ropa, todo. A veces recomiendo imprimir las fotos del móvil o las conversaciones de WhatsApp, en definitiva, todo. Si lo necesitas, mete también la carta de despedida. Ponlo en una caja —de zapatos, de madera, como sea— y llévala a un lugar donde puedas enterrarla: el jardín de casa, un parque, donde quieras (tuve una paciente que la llevó a un cementerio, y la verdad es que le funcionó). Quiero que pienses en un discurso de despedida, como hacemos en los funerales, y llora todo lo que necesites.

Cuando vuelvas del entierro, si puedes, bórralo todo definitivamente. Aquí hay disparidad de opiniones: hay quien necesita conservar los recuerdos un tiempo y mantenerse en el dolor, pero otras personas que tienen que borrarlo todo para continuar. Eso lo decides tú.

Herramienta 6: Carta a tu yo del futuro

Es posible que la persona que te manipuló o abusó de ti vuelva con algún intento de *hoovering*, y también cabe la posibilidad de que no sepas si darle una segunda oportunidad. Para ello, te recomiendo dos cosas: la primera, leerte y releerte la lista negra las veces que lo necesites para reforzar la idea que te voy a dejar en este ejercicio.

Escribe una carta de ti para ti. Quiero que te recuerdes lo que te mereces: que te traten con amor y respeto, que te escuchen (puedes volver al ejercicio de derechos asertivos y coger ideas de ahí)…, y que te hagas una promesa, que anotes los acuerdos que quieres cumplir contigo. Por ejemplo, no volver a cogerle el teléfono, no tener ninguna conversación de cierre, no hablar más de esta persona con tu círculo… Lo que quieras.

Una parte importante de esta carta es marcarte pautas claras de qué harás para cumplir esos acuerdos. Por ejemplo: ocupar el tiempo en cosas que te gustan, no desbloquear nunca a esa persona, leerte la lista negra las veces que necesites…

Antes de empezar, reflexiona con estas preguntas:

- ¿Por qué crees que ahora las cosas pueden ser diferentes?
- ¿Qué crees que ha cambiado o que puede cambiar esa persona?
- ¿Has visto cambios mantenidos en el tiempo que sean de fiar?

Ahora sí, la carta empezaría de la siguiente manera:

Querida [inserta aquí tu nombre:] __________________ *:*

Te escribo esta carta para recordarte lo que te mereces.

Mereces: ______________________________________

____

____

Sé que te ha costado llegar hasta aquí, por eso quiero recordarte los acuerdos que te has marcado contigo:

1. ______________________________
2. ______________________________
3. ______________________________
4. ______________________________

Qué vas a hacer para cumplirlos (escribe los objetivos que te vas a marcar):

1. ______________________________
2. ______________________________
3. ______________________________
4. ______________________________

Este ejercicio pretende que escribas todos estos acuerdos para que, si por algún casual en el futuro la amnesia perversa te hace olvidar los motivos por los que esa relación terminó y tienes un atisbo de duda de volver a abrirle las puertas de tu vida, esto te ayude a recordarlos y a reconectar con esa parte que a veces olvidamos.

Herramienta 7: Transitar el malestar

Es posible que, si has vivido situaciones de mucho sufrimiento, hayas tratado de evitar ese dolor a toda costa quedando con amigas, saliendo de fiesta, consumiendo sustancias (ansiolíticos, antidepresivos, alcohol…), en definitiva, vivir la vida rápidamente para que el malestar no se alargase. Esto, a corto plazo, es muy reconfortante, pero a la larga puede tener un efecto rebote. Ese malestar o dolor, aunque no lo creas, necesita procesarse, estar. Si las cosas no nos dolieran, no aprenderíamos, aunque en la mayoría de los casos el sufrimiento sea innecesario.

La cuestión es que todo lo que evitas sentir necesita un espacio para soltar, estar y, después de un tiempo, irse. Para ello, te voy a proponer lo siguiente: citas con tu malestar. Quizá pienses que estoy loca, pero créeme, sé de lo que hablo. Vamos a buscar huecos en la agenda a lo largo de la semana para estar triste, como lo oyes, para escuchar esas emociones desagradables que no te apetece sentir.

Te cuento cómo lo hago yo: busco espacios a lo largo de la semana en rachas que estoy baja de ánimos y me encierro en casa. Ojo, periodos cortos, como un par de horitas por la tarde. Me doy una ducha de agua caliente (no muy larga, que hay que ahorrar) y me pongo música triste (la que quieras, existen plataformas que te ofrecen listas para llorar). Luego me pongo el pijama, saco la caja de pañuelos y, cuando ya estoy en modo llantera, empiezo a escribir o veo una película que sé que me hará llorar y dejo que salga todo. Por lo general, pillo un buen sofocón y, cuando me descargo del todo, anoto las reflexiones que he sacado de ese dolor. Esto me sirve para desahogarme. Ese día no suelo hacer planes. Después de llorar un rato, me voy a la cama como una bebé y duermo genial.

Este ejercicio te viene a decir eso de «Una lloradita y a seguir existiendo». Cuanto antes canalices el malestar y le des espacio, antes se irá. Cuando trates de hacerlo, si finalmente realizas el ejercicio, busca espacios de cuidado en los que te mimen: queda con tu gente para tomar algo, sal, haz actividades que te motiven..., y combínalo con momentos en los que des salida al dolor. Esta última parte también es importante porque así no caerás en el bucle de la tristeza profunda. Con que te permitas unos ratitos, ya está bien.

Herramienta 8: Tribu

Tu tribu o red de apoyo es clave en esta situación. Como su nombre indica, la red te ayuda a amortiguar la caída, te hará llevar la situación lo mejor posible. Quizá, si has estado en una relación en la que has sufrido manipulación, tu red de apoyo se haya visto deteriorada. No te preocupes, es normal, a lo mejor esa persona te ha ido aislando poco a poco o lo has hecho tú sola sin darte cuenta.

Te explicaré con un dibujo qué pasa cuando te aíslas:

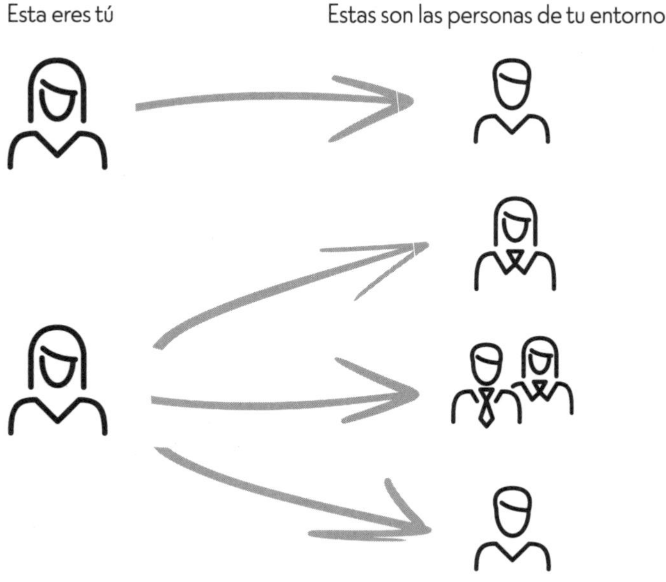

Como ves en la imagen 1, la persona está aislada. Esto hace que cuente con un único punto de apoyo, de confianza, por lo que, cuando tenga un problema, solo la otra persona estará ahí. Si está mal con ella, le costará mucho más salir del bucle.

Sin embargo, en la imagen 2, al tener más personas de apoyo a las que pedir ayuda, le resultará mucho más sencillo.

Si has perdido tu red de apoyo, construye una nueva. Apúntate a un deporte o a clases de alguna actividad que quieras aprender: dibujo, cerámica, club de lectura... Puedes retomar el contacto con viejas amistades, y también hay apps para montar quedadas con gente nueva y hacer planes. Tómatelo como una oportunidad para empezar de cero, puede ser el comienzo de algo maravilloso.

En el capítulo 1 te hablaba de las personas refugio: son aquellas que, pase lo que pase, están ahí, a tu lado, para sostenerte, apoyarte y brindarte su amor incondicional de forma sana y constructiva. Estas personas son la clave para que puedas sanar y cerrar de la mejor manera, siendo más amable contigo. Son el mejor sostén que puedes tener, tu apoyo y tu luz entre tanta oscuridad.

Herramienta 9: Diálogo interno y autocompasión

Es normal que, después de una relación en la que has sufrido abusos y manipulación, te queden secuelas como la de los hirientes y negativos pensamientos sobre ti, tu valía y lo que mereces. Vamos a hacer este ejercicio de cambio de mirada para que tengas un enfoque más comprensivo y autocompasivo hacia ti.

Lo primero que quiero que hagas es que apuntes todos los pensamientos negativos que tienes sobre ti. Por ejemplo:

- «No soy válida».
- «No merezco amor».
- «No voy a encontrar a nadie que me quiera»…

Y ahora quiero que reflexiones:

- ¿De dónde me vienen? Es decir, ¿cuál es el origen?
- ¿Dónde los escuché por primera vez?
- ¿Son ciertos del todo?
- ¿Qué utilidad tienen para mí?

Una vez los tengas identificados, intenta cambiarlos como si estuvieras escuchando lo que te dice tu mejor amiga. Apunta aquí los pensamientos y ve cambiándolos por otros más amables y compasivos:

Ejemplo:

1. «No valgo». ______________________

2. «No soy suficiente». ______________________

3. «No me va a querer nadie». ______________________

4. ______________________

5. ______________________

6. ______________________

____

La clave es poner todas las frases que resuenan en tu cabeza para ver cómo transformarlas con frases más amables y tratarte con más amor, con el que te mereces.

Herramienta 10: Planes alternativos

Cuando esa persona se va de tu vida, deja un hueco o un vacío que, en ocasiones, es difícil de llenar. Puede que haya cosas, momentos, lugares o situaciones que te traigan recuerdos. Vamos a tratar de pensar en planes alternativos que puedan ir llenando todos los huecos que dejó esa persona.

Por ejemplo: si los miércoles solíais ir al cine, puedes proponerle a una amiga si quiere ir contigo.

Si era una amiga tuya y se ha quedado con vuestro grupo, apúntate a alguna actividad para conocer gente nueva.

Completa la siguiente tabla con planes alternativos para, de alguna forma, llenar esos huecos que quedaron:

Salir a comer con la familia los domingos.	Apuntarme a grupos de senderismo.
Pedir pizza y ver una peli juntos.	Empezar una serie y prepararme palomitas.
Pasar el finde en la playa.	Irme un finde a visitar a una amiga que viva fuera.
Ir los miércoles al cine.	Ir al teatro o al cine con una amiga.
Quedar con el grupo de amigas.	Apuntarme a cerámica para encontrar nuevos amigos.

Herramienta 11: Escalera de la tolerancia

Lee atentamente esta lista de conductas y anota en esta escalera todas las que no puedes tolerar, en orden de importancia para ti, y las que crees que son aceptables; en el primer escalón, el de abajo, iría la que te resulta más tolerable. Sirven para todo tipo de relaciones: pareja, familia, amistad y laboral.

- Que un día llegue tarde.
- Que se le escape algo íntimo mío.
- Que hable con otra persona de forma romántica.
- Que llame a toda la familia para hacer un plan y se olvide de mí.
- Que, en una reunión en la que yo no esté, hable mal de mí.
- Que critique delante de mí a gente que me cae bien.
- Que me deje en visto.
- Que me haga sentir que lo que digo no tiene sentido.
- Que no me ayude a hacer alguna tarea que nos corresponde a los dos.
- Que un día no me prepare el café.
- Que se olvide de que hemos quedado.

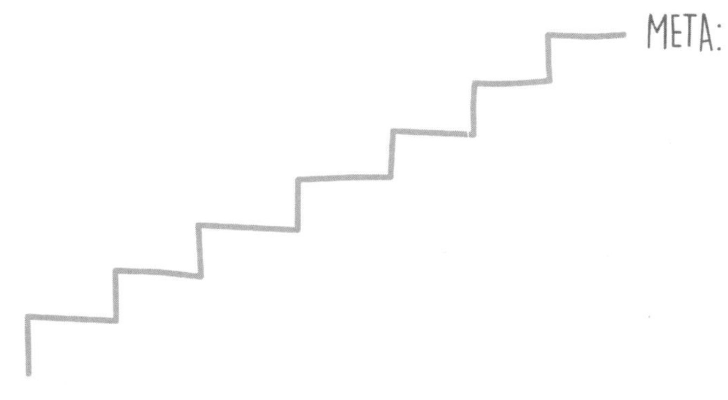

Herramienta 12: Trabaja con la culpa

Imagino que, si has vivido manipulación y abuso, quizá en algún momento hayas sentido o sientas culpa. En la primera parada, cuando te hablaba de las emociones bloqueantes, hemos visto la culpa, su función y finalidad, y hemos averiguado cuándo es disfuncional: en vez de ayudarte, te impide avanzar (si no lo recuerdas, ve al capítulo 3).

En este ejercicio, detecta situaciones de la relación con esa persona en las que has sentido culpa. Anótalas aquí:

A continuación, quiero que analices si fueron culpa tuya o eso es lo que la persona manipuladora te hizo creer. Para eso, repasa cada detalle de lo que ocurrió y averigua si realmente tenías la culpa.

Este ejercicio pretende que reconectes con tu sentido de culpa y que lo repares desde ahí. Quizá entiendas que no la tuviste en muchas de las situaciones que viviste.

Herramienta 13: Perdón

No es casualidad que vaya a hablarte del perdón después de hacer un ejercicio para detectar la culpa. Respecto a este tema, cada profesional de la salud mental tiene una opinión. La mía es que no necesitas disculpar algo para avanzar: si una persona te ha hecho mucho daño, estás en tu derecho de no hacerlo. Cuesta mucho perdonar a alguien que jamás te ha pedido disculpas y que quizá nunca lo hará. Además, es posible que no llegue a reconocer jamás el daño que te ha hecho.

Te hablo de este tema porque creo que la persona que tiene que pedirse perdón por haber aguantado tanto eres tú: no te merecías soportar todo lo que viviste. Para ello, te voy a pedir que escribas una carta de autoperdón de ti para ti. Nos enseñan mucho a perdonar, pero nadie nos dice cómo autoperdonarnos, y es a nosotras mismas a las que tenemos que darnos más explicaciones.

Para esta carta te voy a pedir que conectes con un momento duro, difícil y doloroso de tu relación, pero céntrate en ti: cómo estabas, qué emociones sentiste. Hecho esto, desde el aquí y ahora, mira a tu yo de ese instante y dile lo que necesitó oír, el consuelo que nadie te dio.

En la carta tienes que incluir todo lo que viviste y no merecías, todo el daño que te hicieron y no debiste sentir, y pedirte perdón por haber aguantado ese infierno que no recomendarías ni a tu peor enemigo. Puede empezar así:

Querida ________________:

Imagino que no ha sido fácil vivir algo así, entiendo cómo te sientes.

Pero desde aquí quiero decirte que ________________

No te merecías ________________

Te quiero pedir perdón por ________________

Y continúala como quieras.

Recuerda que lo importante de la carta eres tú, tú eres la protagonista. Las terceras personas están de más. Este ejercicio pretende que te reconcilies con la parte de ti que busca ese reconocimiento, esa validación, la parte que necesita que le pidan perdón. La reparación es hacia ti. Reconcíliate contigo para darte espacio de amor propio.

Herramienta 14: Reconecta con tu esencia

Me miré en el espejo y no sabía a quién veía en el reflejo.

Después de este tipo de relaciones, es fácil sentirse como si te hubieran absorbido la esencia, como si todo tu ser ya no fuese tuyo, como si no te perteneciera. Estos perfiles son vampiros emocionales que te absorben la identidad y penetran en lo más profundo de tu alma para intentar extirparla. Puede que un día te levantes y te cueste conectar con la persona que fuiste, así que te voy a ayudar a hacerlo con el siguiente ejercicio.

Te dejo aquí varias cualidades para que rodees las que respondan a tu esencia o personalidad:

amable cercana cuidadosa alegre

abierta asertiva fiel fuerte

honesta humilde generosa respetuosa

risueña bondadosa cariñosa capaz

hábil despierta comprensiva creativa

inteligente inocente leal

intensa madura líder serena

sensible sensata independiente

decidida entusiasta enérgica

equilibrada extrovertida introvertida

trabajadora perseverante optimista

transparente sincera

Una vez hayas elegido tus cualidades, aquellas con las que te identificas o te sientes cómoda, pregúntate si las reflejas en tu comportamiento cotidiano.

Luego da una razón de por qué has elegido cada una de estas cualidades, por ejemplo:

- «Soy bondadosa porque hago __________».
- «Soy inteligente porque he conseguido hacer __________».

Puedes escribirlo en pósits y pegarlos en algún lugar de la casa donde los vayas viendo. Quizá eso te ayude a recordarte quién eres, es decir, lo maravillosa que eres.

Herramienta 15: Aceptación

Una parte importante de esta historia no depende de ti. Quizá sea la que más te cueste comprender, y es que, por mucho que creas que esa persona puede cambiar, entender cómo te sentiste o llegar a pedirte perdón, lo cierto es que no es así, al menos en la mayoría de las ocasiones. Para afirmarlo, me baso en la cantidad de veces que seguramente le pediste que cambiara, que, por favor, no te hablase de determinada manera o que no hiciera tal cosa que sabía que te iba a hacer daño. O en todas las ocasiones que te vio llorar y no hizo nada al respecto.

Por eso quiero hablarte de la aceptación. Cuando no te quedan fuerzas para luchar, dar oportunidades, entender, empatizar, comprender a la otra persona…, quizá la última bala sea aceptar que las cosas serán así, aunque no quieras, aunque te duela, aunque en el fondo de tu corazón quieras seguir dándole oportunidades. Es bueno para ti aceptar que hay cosas que no puedes cambiar, pues no dependen de ti, y que, por mucho que hagas todo lo que está en tu mano, hay partes de esta historia que te toca aceptar, aunque sea duro y difícil; para ello puedes analizar la historia con esa persona, observando punto por punto todo aquello que sucedió y cómo sucedió, si lo necesitas puedes incluso escribirlo, ordenarlo y leerlo en voz alta. Lo puedes llamar: «Nuestra historia».

Este ejercicio lo puedes realizar con la intención de darle un espacio a lo vivido, y tratar de integrarlo de una mirada más comprensiva, de lo que te hubiera gustado que fuera y no pudo ser. Lo harás por y para ti. Para aceptar que en ocasiones la vida no es como nos gustaría y que aunque duela no hay nada más que puedas hacer. Aceptar esta situación te puede dar paz y ayudarte en el cierre y a la hora de avanzar en tu duelo con esa persona.

Herramienta 16: Autocuidado

Es posible que, después de una relación así, tu autocuidado esté bastante herido o destruido por completo. Lo primero que vamos a hacer es evaluar cómo está tu autocuidado.

En el siguiente cuestionario, contesta sí o no y, según los resultados, trazaremos un plan u otro:

1. Me permito momentos de descanso. SÍ / NO
2. Sé cuáles son mis necesidades y las escucho. SÍ / NO
3. Me trato con cariño y me hablo con respeto. SÍ / NO

4. Pido ayuda cuando siento que la necesito. SÍ / NO
5. No me ocupo de lo que no me incumbe. SÍ / NO
6. Me expongo a situaciones que sé que me harán daño. SÍ / NO
7. Hago deporte para cuidar de mi salud mental. SÍ / NO
8. Me pregunto qué estoy dispuesta a tolerar de los demás. SÍ / NO
9. Hago cosas por disfrutarlas y ya. SÍ / NO
10. Sé reconocer mis emociones desagradables y aprendo a vivir con ellas. SÍ / NO
11. Sé decir que no y marco límites. SÍ / NO
12. Tengo momentos semanales para cuidarme y realizar actividades por y para mí. SÍ / NO
13. Me rodeo de personas que me tratan con amor. SÍ / NO
14. Me ofrezco espacios para socializar. SÍ / NO
15. Tengo conductas autodestructivas (bebo mucho, me doy atracones, tomo drogas o mantengo relaciones dañinas). SÍ / NO
16. Tiendo a complacer a la gente de mi entorno. SÍ / NO

Si has rodeado el sí en todas, estupendo, tienes un autocuidado de diez. Si has contestado que no en algunos puntos, plantéate si te apetece trabajar en ellos. Para ello, anótalos en la lista que encontrarás a continuación y dedícales un tiempo a la semana.

Ejemplo:

1. Me permito momentos de descanso. Lo haré los domingos por la tarde.
2. Me ofrezco espacios para socializar. Los viernes me he apuntado a un club de defensa personal.
3. ______________________________
4. ______________________________
5. ______________________________

Y así con todos. El objetivo es que reconectes con tu amor propio y tu autocuidado.

Herramienta 17: Jardín de tu vida

Cabe la posibilidad de que, después de una relación en la que te hayan manipulado, hayas descuidado algunas áreas de tu vida. Esto es más habitual de lo que pensamos. Es normal que te sientas así, de manera que vamos a tratar de ponerle solución.

Para el siguiente ejercicio, imagina que tu vida es como un jardincito con parcelas y que cada una de ellas es un área distinta. Seguro que identificas las tuyas, pero podrían ser estas:

Amistades	Familia	Pareja
Ocio	Deporte	Autocuidado

Vamos a comprobar lo bonita que luce cada parcela para averiguar si el jardín entero está bien cuidado.

Observa si te falta algo, cómo te sientes y qué necesitas. Por ejemplo, en amistades: «Necesito verlas más». Ese sería tu objetivo, proponerles hacer más planes juntas. Igual no tendrás que trabajar en alguna parcela, pero otras requerirán más riego y cuidados.

Este ejercicio te invita a conectar con lo que necesitas y a dedicarte el tiempo que te mereces.

Herramienta 18: Aprendizajes

Aquí vas a analizar a fondo todo lo que esa situación te ha enseñado sobre ti. Ojo, no quiero decir que gracias a eso seas otra persona, sino que de todas las experiencias se aprende. Quizá ahora te cueste darte cuenta, pero créeme que de todo se saca una lección, un aprendizaje. Aunque no puedas verlo, ahí está.

A lo mejor has averiguado qué es lo que te mereces, o lo que no, así que te invito a reflexionar sobre esa situación a través de las siguientes preguntas:

1. ¿Cómo me he sentido durante la relación? ¿Qué emociones despertaba en mí esta persona? ¿Es así como me quiero sentir en mis relaciones? – Aprendizaje 1
2. ¿Cómo me trató? ¿Es así como quiero que me traten mis vínculos o las personas a las que quiero? – Aprendizaje 2
3. ¿Esta persona sacaba lo mejor o lo peor de mí? ¿Quiero comportarme así con mis vínculos o las personas a las que quiero? – Aprendizaje 3
4. ¿Esta persona me aportaba estabilidad o caos? ¿Qué necesito que me aporten mis relaciones? – Aprendizaje 4
5. ¿Con qué lenguaje me hablaba? ¿Cómo quiero comunicarme con mis vínculos? – Aprendizaje 5

Estas preguntas te pueden ayudar a averiguar qué tipo de relación has tenido, cuál te gustaría tener y cómo querrías que te trataran y te hablaran. Dedícales el tiempo que necesites. Es una buena inversión por y para ti.

Espero que todos los ejercicios que te he planteado en este último capítulo te ayuden o te hayan ayudado a salir de esta relación que te daña, que te acompañen durante el camino y arrojen luz en medio de tanta oscuridad. Recuerda que puedes ir haciéndolos a tu ritmo: tómatelo como un momento de crecimiento personal. Además, lo que te hará sanar no será el tiempo que pase, sino lo que hagas durante el camino. Aunque sea duro, te prometo que merece la pena.

* * *

Así pues, no todo está perdido. Siempre hay esperanza, siempre hay algo que puedes hacer para salir de la situación en la que te encuentras. Y aunque sientas que es duro y doloroso, recuerda que es mucho peor quedarte al lado de alguien que no sabe valorarte. Ojalá esta última parada te haya ayudado a sanar, a sentir que hay esperanza, que puedes salir de esta situación y salvarte, a darte cuenta de que mereces que te traten con amor y respeto, y que lo que viviste fue injusto. Siempre estás a tiempo de salvarte, siempre estás a tiempo de salir y siempre podrás hacer algo para cuidarte y protegerte de las personas que no te convienen. Te mando mucha fuerza y te abrazo mucho.

Epílogo

1 de septiembre

Querido diario:

Acabo de recibir un mensaje de mi ex: «Hola, ¿cómo estás? Feliz cumple, por cierto. Oye, me gustaría que nos viéramos. Hay algunos temas que se quedaron sin hablar. Cuando leas esto, dime algo, porfa. Un beso». Por un momento he dudado; me apetece volver a verlo y saber qué es de su vida, no te voy a mentir. Pero enseguida he cogido la lista que escribí con mi psicóloga, la «lista negra», como ella la llama, y la he leído dos o tres veces. Tengo claro lo que quiero, tengo claro por lo que me ha hecho pasar, sé que ahí no es.

Le he contestado: «La persona que conociste ya no existe, desapareció contigo».

Querida lectora:

Lo primero que quiero hacer es felicitarte por haber llegado hasta aquí. Espero que, gracias a este viaje, hayas podido encontrar una explicación a lo que viviste, un sentido a por qué esa persona que te hirió se comportó de ese modo y herramientas para gestionar la situación que te hizo tanto daño.

Entiendo que mirar hacia dentro no es sencillo, por eso me pareces muy valiente. Hacerte cargo de tu dolor requiere de mucha fortaleza mental, ojalá seas capaz de verlo. Me gustaría recordarte que no te merecías que alguien te tratara de esa forma tan horrible. El maltrato nunca está justificado.

Desde aquí, me gustaría mandarte todo el ánimo del mundo para que sientas que se puede salir de ahí. Yo lo hice. Es un camino a veces complejo, doloroso y cuesta arriba, pero se consigue. La satisfacción que sientes después de salir y mirar hacia atrás, que te hace decir «Menos mal que nunca volveré ahí», no tiene precio.

Recuerda que no estás sola. Siempre que puedas, quieras o tus circunstancias te lo permitan, pide ayuda. Tu red de apoyo, tener tiempo para ti, dedicarte a tus hobbies, *cuidarte, mimarte y rodearte de personas que te quieren te hará el camino más fácil.*

Espero que este libro haya sido un abrazo cálido que, de alguna forma, te haya hecho sentir que iba contigo de la mano. Algún día te acordarás de todo esto con valentía y coraje.

Recuerda lo que te decía al principio: «Lo que hoy es herida, mañana será cicatriz. Y dejará de doler, te lo prometo».

Agradecimientos

A mis amigas y a mi familia, por brindarme el apoyo que tanto necesitaba durante este proceso.

A las personas que me hicieron ver que ahí no era. Gracias por recordarme lo que merezco y cómo tengo que ser tratada.

A Puerto Escondido, a todas las personas y la magia que me acompañaron en el proceso de escribir este libro.

A la persona que reparó los pedazos que otros rompieron. Gracias por enseñarme a creer en mí y a tejer mis alas para que volara alto.

Referencias

Durvasula, Ramani, *It's not you*, The Open Field, 2024.

González, Anabel, *Las cicatrices no duelen*, Barcelona, Booket, 2022.

Hernández Pacheco, Manuel, *¿Por qué la gente a la que quiero me hace daño?*, Desclée de Brouwer, 2019.

Hirigoyen, Marie-France, *El acoso moral*, Barcelona, Paidós, 2013.

—, *Los narcisos han tomado el poder*, Barcelona, Paidós, 2020.

Mirza, Debbie, *El narcisista pasivo-agresivo encubierto*, Safe Place Publishing, 2018.

Piñuel, Iñaki, *Amor Zerø*, La Esfera de los Libros, 2016.

—, *Familia Zerø*, La Esfera de los Libros, 2020.

Steven, Bruce, «Narcissism: a nine headed Hydra?», en *Psychotherapy in Australia*, vol. 6, n.º 4, agosto de 2000, pp. 14-19.

Tarnowski, Belén C., *La estafa emocional*, Tinta de Luz, 2022.

Van der Kolk, Bessel, *El cuerpo lleva la cuenta*, Eleftheria, 2020.

«Para viajar lejos no hay mejor nave que un libro».

Emily Dickinson

Gracias por tu lectura de este libro.

En **penguinlibros.club** encontrarás las mejores recomendaciones de lectura.

Únete a nuestra comunidad y viaja con nosotros.

penguinlibros.club